弘兼憲史
經濟學入門
圖解

弘兼憲史／著
高木勝／監修

商周出版

前言

日本雖已跳脫長期不景氣，但我們幾乎感覺不到，日本經濟真的已漸趨成長。從現況來看，業績已經回復的企業，也是把利潤拿來分配給股東或獎賞高階主管，員工分不到一杯羹。再者，少子高齡化也在日本社會以驚人的速度發展，令人擔心年金制度是否會瓦解。而政府公債的發行餘額也不斷增加，日本經濟的前途愈來愈讓人覺得多災多難。

另一方面，世界大國美國在ＩＴ泡沫破滅後，順利達成經濟成長。此外，以金磚四國為代表的諸國，尤其是中國的發展，有其值得關注之處。可以說我們已經到了一個要想在國際競爭中致勝、倖存，就非得要改革不可的時期了。

身處此一時代的轉換點，我們也必須負起自己的責任採取行動。此時充當我們武器的，就是經濟學。要想養成自行思考的能力、更深入洞察全球事項，就少不了經濟學的知識。

此外，在彙整本書內容時，承蒙明治大學教授高木勝先生提供寶貴的建議與指導，特此致上深深的謝意。

二〇〇八年一月

弘兼憲史

第2章 生活就是從事經濟活動……39

第3章 價格依照買賣雙方的意願決定——個體經濟學的基礎……61

第5章 金錢在全球流動——金融與財政

第6章 日、美、歐、亞經濟連動——國際經濟……151

第1章

透過經濟學解讀世界

每天在全球都會發生各種事件，
像是原油價格高漲、美國房貸壞帳化等等。
要想更深入了解世界上的事件，
經濟學不可或缺。

高度經濟成長後，遭逢兩大事件

石油危機創造出有效率的社會

中東產油國家大幅提高原油價格、減少產量。一九七三年，發生了石油危機。

島耕作也跑著要去買衛生紙嗎？

衛生紙斷貨?!

對石油依存度高的日本，經濟大受打擊。由於擔心物價急漲，「衛生紙會斷貨」的傳言四起，甚至混亂到在全日本發生搶購衛生紙的現象。正如這場騷動所象徵的，物價大幅上漲，稱為「狂亂物價」。

轉變為低耗能社會

在狂亂物價最嚴重時，各種節約活動因而展開，像是政府實施石油、電力的節約，店舖縮短營業時間、電視台自制不播深夜節目等等。日本朝著節約石油的社會結構轉變。由於收到成效，轉變為全球屈指可數的節能國家。

一九七三年，發生了石油危機。對於來自中東產油國的石油進口依存度很大的日本，經濟大受打擊，留下了狂亂物價的紀錄。其後，又發生第二次石油危機，日本的產業結構轉換為服務業。另一方面，製造業的出口固然增加，卻也產生了貿易摩擦的對立現象。

一九八五年，為導正美元持續升值，「廣場協定」（Plaza Accord）會後，轉變為日圓升值、美元貶值。一向仰賴出口的日本經濟，雖然一下子陷入了日圓升值造成的不景氣中，但在調降重貼現率等寬鬆貨幣政策下，克服了不景氣。

然而，景氣回復後，政府仍繼續實施寬鬆貨幣政策，社會上的資金變得過剩。這股資金轉向投機，催生了泡沫經濟。

泡沫經濟開始於廣場協定

由於美元升值到應有水準以上，美國產業的競爭力變差。五國集團（G5，法、德、日、美、英）的代表聚集在紐約的廣場飯店（Plaza Hotel），決定把美元導向貶值。

在那之前的日本……

每年達成3％到5％的經濟成長，但那是因為出口順利擴大所造成。不過，對於對手國而言，日本的出口就是他們的進口。伴隨著日本的貿易黑字擴大，也發生了貿易摩擦的問題。

廣場協定
五國集團協議
賣出持有之美元

在那之前的美國……

當時的美國總統雷根透過「雷根經濟學」（大肆減稅與法令鬆綁），成功穩定通膨、擴大景氣。然而，卻也擁抱了巨大的財政赤字與貿易赤字，也就是所謂的「雙赤字」。

投機引來更多投機，經濟因而膨脹

廣場協定後，日圓急升，日本進入不景氣。雖然景氣因為日本銀行的寬鬆貨幣政策與企業徹頭徹尾的合理化行動而順利復甦，卻也就此進入了景氣過熱的泡沫中。

泡沫經濟的背景

調降重貼現率
為跳脫日圓升值下的不景氣，調降重貼現率，使企業的營業活動更活潑。

企業資金過剩
景氣回復後，利率依然偏低。企業接受了銀行的融資，變成資金過剩的狀態。

泡沫經濟的發生

資產通膨的發生
企業利用過剩資金投資股票或不動產，使得市場過熱，股票與不動產的價格上漲到超過其實際價值。

過剩的資金會轉向投機
由於不動產投資過熱，資產價值漲到異常的高水準。由於它沒有實體，因此有「泡沫」之稱，一直到日本銀行採取緊縮貨幣政策為止，這樣的混亂一直都在持續。

日本

忙著處理不良債權，失去長達十年時間

龐大不良債權就是這樣產生的

泡沫經濟破滅後，日本進入「平成不景氣」。投資於股票與不動產的企業，經營狀況惡化，融資給他們的銀行就變成持有龐大的不良債權。

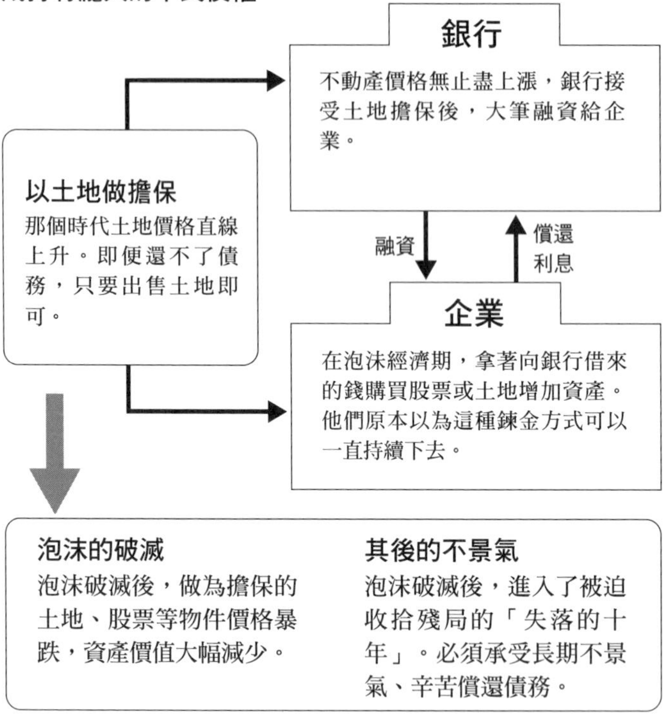
銀行
不動產價格無止盡上漲，銀行接受土地擔保後，大筆融資給企業。
以土地做擔保
那個時代土地價格直線上升。即便還不了債務，只要出售土地即可。
融資
償還利息
企業
在泡沫經濟期，拿著向銀行借來的錢購買股票或土地增加資產。他們原本以為這種鍊金方式可以一直持續下去。
泡沫的破滅
泡沫破滅後，做為擔保的土地、股票等物件價格暴跌，資產價值大幅減少。
其後的不景氣
泡沫破滅後，進入了被迫收拾殘局的「失落的十年」。必須承受長期不景氣、辛苦償還債務。

泡沫經濟破滅後，企業的經營惡化，變成無力償還銀行的借款。銀行背負著巨額的**不良債權**，變得比較不願意借錢給企業，經濟停滯。甚至也有銀行本身因而破產的例子。政府提供紓困，希望消除金融不安。

不良債權有兩種處理方式，一種是「間接沖銷」，一種是「直接沖銷」。「間接沖銷」是針對預計無法回收的金額提列壞帳準備；「直接沖銷」是賣掉不良債權，或是完全放棄，從會計帳簿中移除。

在全球經濟開始急速全球化的一九九〇年代，日本忙於處理不良債權，因而在全球情勢上落後於他人。這段期間，稱為**「失落的十年」**。

過去也曾有那種奢侈地把羅曼尼・康帝紅酒摻在香檳王裡喝的時代呢
不過和一般人沒有什麼關係就是了

為防止金融機構破產，導入紓困金

背負不良債權的銀行，經營變得不穩定，也開始有銀行破產。

金融機構破產將引發社會混亂
銀行一旦經營不振，就會有愈多的人擔心存放在銀行的錢沒有保障而把錢提領出來，這樣會讓銀行的資產減少、經營惡化。

→

紓困金的投入
一旦置之不理，銀行會破產，恐怕會造成金融不安的連鎖效應。為使銀行的經營狀況能夠回復，政府投入紓困金。

不良債權確實漸漸減少

發生資產通縮、不良債權膨脹的銀行，藉由與同業種的企業合併或是業務合作，經營狀況漸漸回復了。不良債權的處理也有進展。

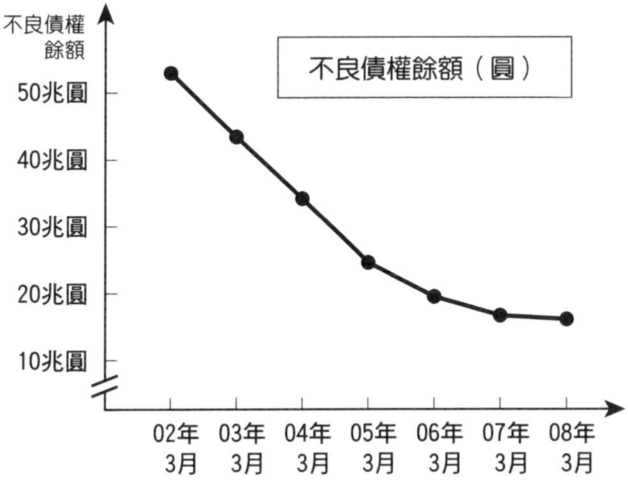
不良債權餘額（圓）
不良債權餘額
50兆圓
40兆圓
30兆圓
20兆圓
10兆圓
02年3月
03年3月
04年3月
05年3月
06年3月
07年3月
08年3月

不良債權的基準有三，包括〈銀行法〉、〈金融再生法〉以及〈早期矯正措施〉。左表為依據金融再生法的不良債權餘額。可以看出每年確實都在減少。

（資料來源：日本金融廳《2008年3月期時之不良債權狀況等》）

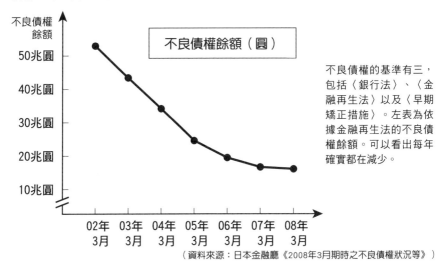

日本

國家公債持續增加發行，未來會成為一大負擔

無止盡上升的公債發行餘額

我們常聽到「政府向國民等對象借錢」，但日本現在的財政狀況已極其不健全。

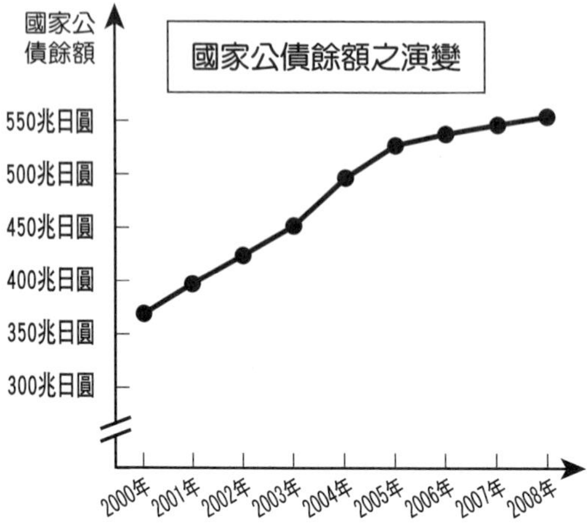
國家公債餘額
國家公債餘額之演變
550兆日圓
500兆日圓
450兆日圓
400兆日圓
350兆日圓
300兆日圓
2000年
2001年
2002年
2003年
2004年
2005年
2006年
2007年
2008年

2007年底，普通公債的發行餘額預計達547兆日圓。計算起來，每位國民平均背了400萬圓以上的負債。如果不增稅，公債的發行只會增加負債而已。

（資料來源：財務省網站「公債餘額之累積」）

也可能會有導致將來增稅的危險

為減少國家的負債，必須設法籌措財源。但只要景氣未能回復，就無法期待稅收能夠增加。其結果是未來可能會增稅，留給下一個世代負擔。

隨著泡沫經濟的破滅，日本的財政也惡化了。國家雖然不斷推動大型經濟政策，希望跳脫破滅的泡沫，但財源卻幾乎都來自於**國家公債**。

國家公債是公債的一種，是從國民那裡借錢來充當資金的方法。可分為用於公共事業的「建設公債」，以及補稅收之不足的「赤字公債」。地方公共團體所發行的稱為「地方公債」。

國家公債會約定一定的利率，銀行等金融機構透過市場的買賣保有它。此外，二〇〇五年度開始，個人投資者也能夠購買的「個人公債」也發行了。無論如何，公債都是負債，總有一天非得要加上利息償還不可。

政府的錢包有1/3是借款

所得稅、消費稅、法人稅等政府收入（歲收）之中，有1/3來自於國家公債的發行。財政是由借款來支撐的。

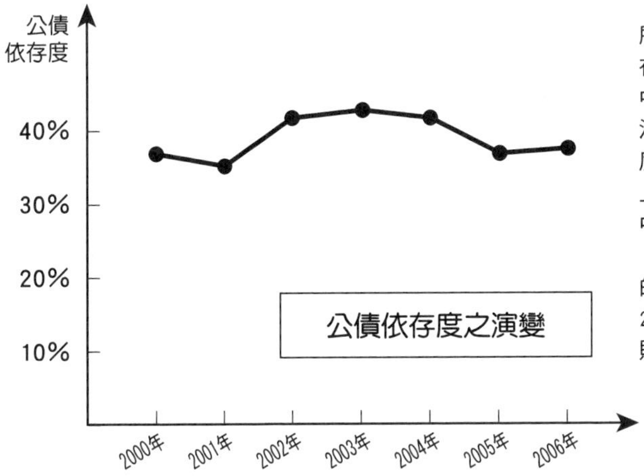

所謂的公債依存度，就是在政府的收入（歲收）中，公債所占的比率。泡沫經濟破滅後，公債依存度自90年代起開始急速上升。此外，在整體歲出中，用於支付利息與償債（債務付息及還本支出）的支出，在2006年度達到25%以上，壓迫著政府的財政。

（資料來源：財務省「平成十八年度國家公債發行及餘額之演變等」）

日本的財政會變得如何?!

要把公債占GDP的比率降到100%

重要的不是借款金額，而是代表國家經濟規模的GDP與公債發行餘額間的比率。目前公債占GDP比率為150%，比率相當高，必須先努力降到100%。

日本整體來說是超額儲蓄

公債利息整體來說很安定。這是因為，日本國內的儲蓄額（約1500兆日圓）超過負債（約1000兆日圓），國家整體來看可以平衡。

應推動結構改造

只要GDP增加，就不必擔心負債如滾雪球般增加。但日本經濟曾有過負成長的經驗，現在成長也變得遲緩，財政狀況陷入危機。要想跳脫這種狀況，需要的是能打破目前社會體系的結構改造，像是促進競爭、法令鬆綁等等。

一面倒的改造會產生落差

結構改造會凸顯出城鄉差距。非都會區不要仰賴政府，而要自己找活躍的舞台，例如日本三重縣龜山市，就藉由液晶技術讓區域本身成為一個品牌。

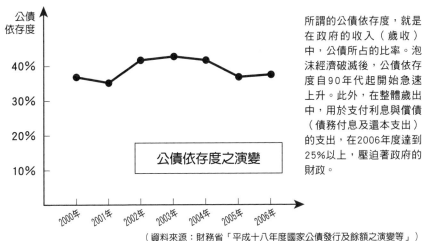

日本

面對少子高齡化社會，今後該何去何從

人口的減少無可避免

日本急速邁向少子高齡化。2005年發生有史以來第一次正式的人口減少，政策可能會徹底改變。

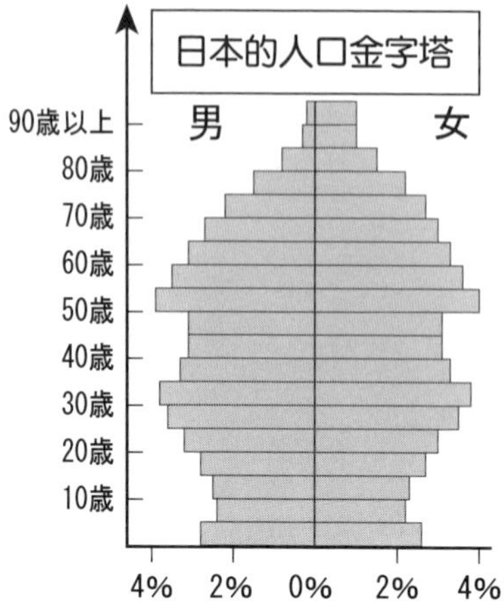

日本的人口金字塔
男
女
90歲以上
80歲
70歲
60歲
50歲
40歲
30歲
20歲
10歲
4%
2%
0%
2%
4%

全球的人口在增加，日本的人口卻轉為減少。此外，人口中高齡者的比率急速增加，據信是國家發展基礎的人口金字塔，結構整個倒過來了。

（資料來源：根據財務省統計局《2004年10月1日目前之推估人口》製成）

人口減少帶來的嚴重問題

人口減少會造成勞動力急速降低、經濟成長變得不可期待等問題。在高齡化同時發生的日本，毫無疑問社會保險制度的負擔會變大。在經濟成長變得遲緩的狀況下，該如何幫助高齡者，將是一大課題。

日本的人口以二〇〇四年為巔峰，開始轉為減少。在出生率沒有增加、高齡者增加之下，必須擔心因勞動生產力降低導致的經濟停滯。再加上年金體系變得發揮不了功能，讓人擔心會造成嚴重的社會不安。

不過，倒也不是完全這麼悲觀。只要人均生產力能夠增加，GDP就會擴大。也可以預期未來會有更多的居住空間，這是正面的部分。

人口減少就像生活習慣病一樣，沒有什麼自覺症狀。雖然異狀不會馬上表面化，但如果置之不理，它會一點一滴侵蝕我們的身體。為了不讓少子高齡化造成社會不安，應該要好好監督掌政治之舵的人。

人口減少也有好處

雖然勞動力減少了，但只要人均勞動生產力大幅增加，GDP就會增加。生活環境可以少一點擁擠，像是居住空間會變得寬廣，交通的混亂狀況也會緩和等等。

生活空間的擴大

日本的居住環境很惡劣，甚至有人揶揄為「兔籠」。但人口結構改變後，每人的可利用空間會增加。

增加雇用女性、高齡者

社會將會重新認知到過去沉睡的女性勞動力，開始積極雇用她們。此外，具有豐富知識與經驗的高齡者，也會漸漸到社會上工作，這是可預期的。

以「人力資源立國」為目標

只要能藉由提升每個人的生產力、進行勞動品質的變革，就算人口減少，經濟的成長依然可期。此外，若能增加女性與高齡者等人力資源，一樣足以打造出一個能因應人口減少與高齡化的國度。

美國

次級房貸問題引發金融危機

金融業破產影響到實體經濟

次級房貸的壞帳化，不但影響到美國金融業，也影響到實體經濟活動。

投資銀行相繼破產

美林（Merrill Lynch）、貝爾斯登（Bear Stearns）、雷曼兄弟（Lehman Brothers）等知名投資銀行，一個個經營陷入困境。

背景包括次級房貸的壞帳化

「雷曼衝擊」

在業界規模不小的雷曼兄弟破產，是刻畫金融危機嚴重程度的象徵性事件。

其影響層面廣大，像是就業狀況大幅惡化，以及汽車產業的經營危機等。

對實體經濟也出現影響

二〇〇八年，以次級房貸（參見一四〇頁）的問題為開端，全球發生了金融危機。

與次級房貸相關的證券，因為房貸的壞帳化，變成形同廢紙。

許多投資法人或投資銀行為活用資金而買了這類證券，蒙受了龐大損失，變成破產。

還不只是投資銀行破產這種金融業的混亂而已，生產與消費等實際經濟活動（實體經濟），也受到了影響。

各金融業者推動大量裁員，就連汽車業大廠通用汽車（General Motors）與克萊斯勒（Chrysler），也都陷入經營危機。

歐巴馬政府的經濟政策備受期待

汽車業如果把零件製造商等周邊產業也包括在內，整體共有三百萬就業人口。現在正面臨能否繼續維持雇用的危機。

雇用人數大減

相繼破產的投資銀行與金融機構自不在話下，但許多產業也繼續刪減人力。美國的勞動指標、非農業部門的雇用人數，也大幅減少。

三大汽車廠的經營危機

汽車產業是美國的基幹產業，三大車廠福特、克萊斯勒與通用的經營陷入困難。由於工作者眾多，破產會造成大量失業者。

也對海外造成莫大影響

日本汽車製造商一家家收益與利潤減少。此外以金融國家知名的冰島由於資金出現困難，國內所有銀行都國有化，受到了毀滅性的傷害。

新「新政」的政策備受期待

「新政」的政策拯救了1929年陷入大恐慌的美國。歐巴馬政權則推動稱為「綠色新政」（Green New Deal）的環保事業，希望創造出新就業機會。

「經濟穩定緊急法案」（Emergency Economic Stabilization Act）等法律的整備也有所進展，目前朝避開大恐慌的方向前進。

2009年1月20日，巴拉克・歐巴馬（Barack Obama）就任為美國第44屆總統。

美國

金融危機影響擴大，近乎全球性恐慌

二度經歷泡沫

在住宅泡沫前，美國曾在1990年代經歷過網路泡沫，嘗到了泡沫一再破滅的辛酸。

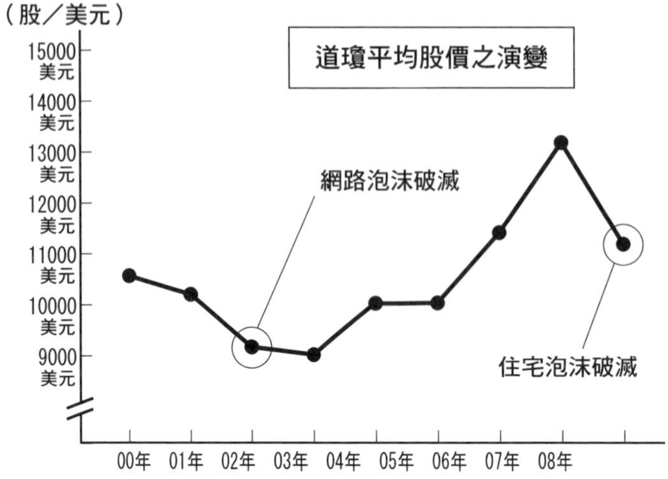

（資料來源：道瓊工業指數 改編自其網站）

今後的美國經濟

網路泡沫破滅時，美國很快就重新站了起來。面對住宅泡沫的破滅，雖然花時間，但可以認為一定會復甦起來。

一九九〇年代的網路泡沫破滅後，美國了不起地復甦了。然而，沒多久又遭逢住宅泡沫破滅的障壁。

美國的股價指數、道瓊工業指數的平均股價，在二〇〇二年與二〇〇八年下跌。

或許不會像日本「失落的十年」一樣那麼久，不過經濟復甦的道路依然充滿險阻。

美國國內受到的傷害固然很大，但擴及全球的波浪也很嚴重。

日本汽車業界、冰島金融業的崩毀，應該就是很好的例子吧！派遣工作者遭解雇（派遣合約中止）等雇用問題，格外受到關注。

對日本、歐洲的影響也很大

在美國發生的金融危機，影響擴及於全世界。除了日本，北歐先進國家冰島，也面對湧現的危機浪潮。

日本

汽車產業遭受嚴重打擊

受到各種嚴重的影響，像是豐田、本田、新力這類的大企業都著手大幅裁員。

冰島

金融機構全部國有化

由於該國GDP中，有兩成以上是金融與不動產業，國家整體遭受龐大的損失。

星火燎原至全球

原本只發生於一國的泡沫破滅，卻對全球市場留下了嚴重傷害！

金融危機發生！
全球金融市場陷入大恐慌！

金融危機始於泰國，牽扯周邊各國

金融危機是怎麼發生的

一旦因為政經負面因素的影響導致貨幣暴跌，該國經濟就會陷入混亂。

貨幣價值下跌
某國的財政等等一旦開始惡化，經濟就會停滯。就好像要配合它的步調一樣，貨幣價值也會漸漸下跌。

貨幣價值下跌

護盤
遭逢貨幣危機的國家，為了幫自己國家貨幣護盤，會投入外匯存底購買本國的貨幣。

投資資金會移轉至他處

投資者
貨幣價值一旦下跌，海外的金融與投資家，就會減少對該國的投資，考慮把資金移至他處。

投資者不喜歡貨幣價值下跌，於是出手賣掉。這種拋售行為會讓貨幣價值更加下跌。

在不斷全球化的環境中，金融擁有足以讓貨幣價值下跌，甚至擾亂一國經濟的力量。

金融危機會成為該國經濟成長趨緩以及政治不安的開端。這些變化，會讓海外金融機構抽離資金、海外企業撤退，促使外界賣出本國貨幣。國家固然可以投入外匯存底為本國貨幣護盤，但資金一旦用罄，就會變成金融危機。

陷入金融危機時，會藉由讓本國貨幣貶值的方式，試圖讓事態好轉。此外，為避免倒債的發生，國際貨幣基金ＩＭＦ有時候也會介入。

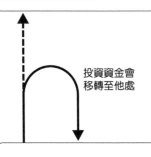

亞洲諸國的金融危機

1997年，投機者向避險基金（參照本書P.134）拋售泰銖，導致泰國的金融危機。後來波及東南亞各國，把整個亞洲牽扯了進去。

泰國的貨幣制度
當時泰銖的匯率採用的是「緊釘美元」的制度。泰銖的價值與美元連動，取決於美元價值的變動。

由於美元的價值一上升，泰銖也會連動上升，使得泰銖的價值上升到超過泰國實際經濟狀況的地步。

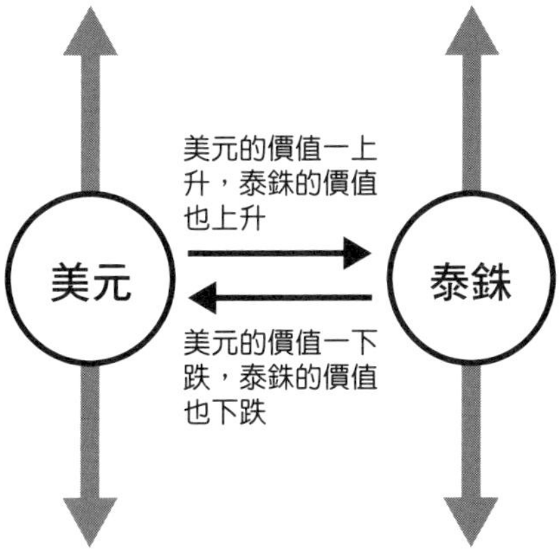
美元
泰銖
美元的價值一上升，泰銖的價值也上升
美元的價值一下跌，泰銖的價值也下跌

泰銖升值導致競爭力變差

本國貨幣的價值一旦上升，會造成出口產業的不利（參照本書P.161）

投資者、金融機構會離開該國
泰國經濟順利發展時，吸引了許多海外資金進入；但經濟狀況一變差，資金就撤離了。

改採浮動匯率制
泰國為維持緊釘美元制，在市場中投入外匯存底為泰銖護盤，但外匯告罄。此時改採浮動匯率制，致使泰銖價格暴跌。

避險基金拋售泰銖

亞洲各國金融危機的背後，據說是避險基金在操弄。

不斷賣泰銖、賣個沒完沒了！
他們預測，只要不斷拋售評等已超過實際經濟狀況的泰銖，泰國為維持緊釘美元制，就會以外匯存底護盤。

例如，在1美元對20泰銖的匯率下賣出泰銖，等泰銖暴跌後，再以1美元對50泰銖的匯率買回，就能獲得30泰銖的利益。

中國

在持續實現空前成長之中，正面與負面效應變得明確

中國的成長關鍵是什麼？

在勞動力、資本、土地等生產要素中，中國的土地與勞動力占有壓倒性優勢

各國國土面積

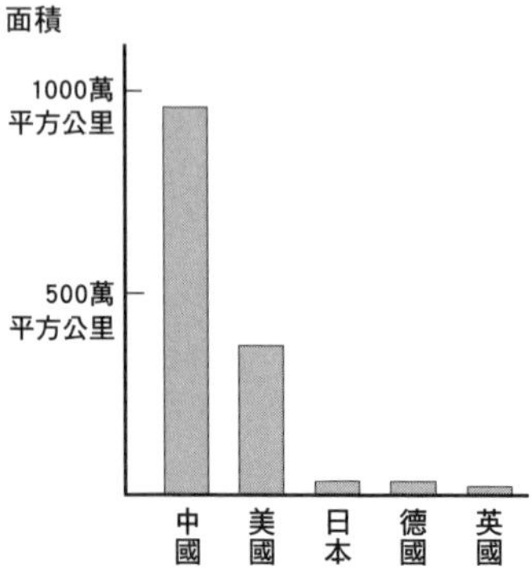

面積
1000萬
平方公里
500萬
平方公里
中國
美國
日本
德國
英國

（資料來源：財務省統計局《世界的統計2007》）

中國的國土面積有日本的25倍之多。除了充足的勞動力外，由於國土廣闊，預計產業資源也很多，因此很占優勢。

各國人口

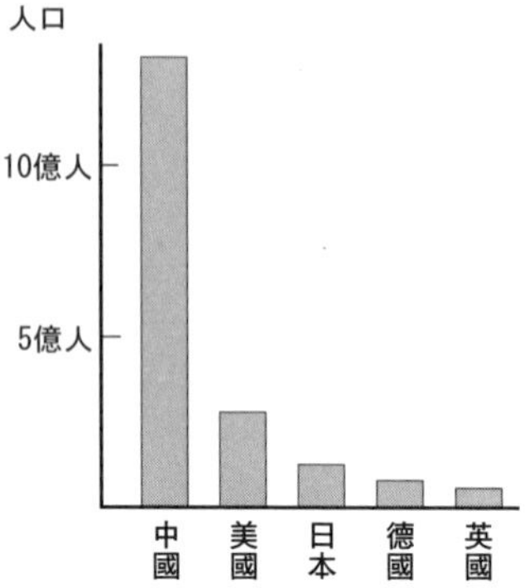

人口
10億人
5億人
中國
美國
日本
德國
英國

（資料來源：財務省統計局《世界的統計2007》）

中國身為世界最大的經濟成長國，有13億人口。雖然因為一胎化政策而有成為高齡化社會之疑慮，但充足而廉價的勞動力成了有所發揮的支點，一步步實現了高度成長。

金磚四國BRICs（巴西、俄國、印度、中國）的經濟成長固然都備受矚目，其中竄起最快的，還是以廉價勞動力逐步提高出口能力的中國吧！

以日本為首，歐美各國的企業為刪減生產成本，都把生產據點搬到了中國。其結果是中國製的產品在全球散播，中國也得到「世界工廠」的稱號。目前，中國依然保持高經濟成長率。

然而，發展至今，各種問題也漸漸浮現。像是城鄉間的發展落差、與全球的節能概念背道而馳的資源使用方式，以及嚴重的環境污染等。

今後，外界將會要求中國在全球扮演好它應該有的角色。

伴隨經濟成長，問題也很多

中國實現了高經濟成長率，但相對的，資源的揮霍、環境的嚴重破壞等問題，都成為外界眼中的問題。

成長的正面關鍵因素

近幾年，中國達成二位數的經濟成長率。除此之外，面對2008年的北京奧運與2010年的上海萬國博覽會，在基礎建設等方面的社會資本，可以期待進一步到位。

成長的負面關鍵因素

令人擔心的問題有：一胎化政策下，人口結構上急速成為少子高齡化社會；急速成長造成二氧化碳排放量增加；大氣污染等環境問題；以及慢性的電力不足等等。

二氧化碳排放量的各國構成比率

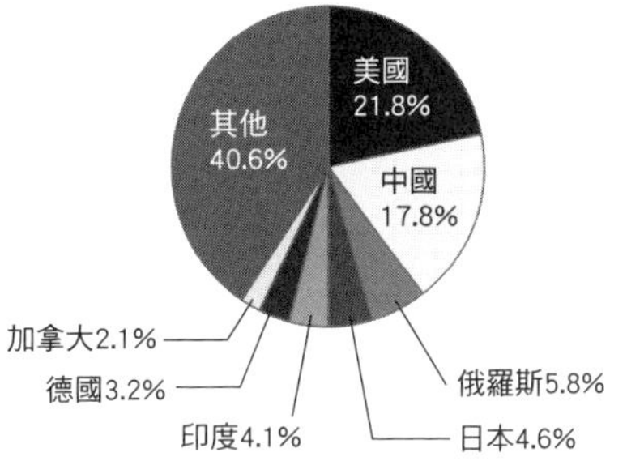
美國
21.8%
中國
17.8%
其他
40.6%
加拿大2.1%
德國3.2%
印度4.1%
日本4.6%
俄羅斯5.8%

（資料來源：財務省統計局《世界的統計2007》）

二氧化碳排放量的各國構成比率

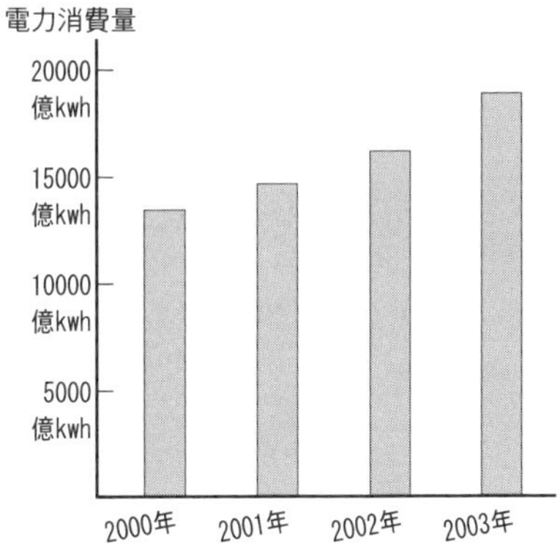
電力消費量
20000億kwh
15000億kwh
10000億kwh
5000億kwh
2000年
2001年
2002年
2003年

（資料來源：海外電力事業統計2005年度版）

電力消費年年增加，二氧化碳排放量也僅次於美國位居世界第二位。經濟成長的同時，資源的消耗也急速增加。

電力需求急增，供給追趕不及，時常會出現停電的狀況
ザワ
ザワ

中東

巨額的石油資金開始朝次世代移動

魔法之油為中東帶來財富

20世紀以來，石油就是主要能源。中東各國以此為武器，累積了龐大的財富。

七大石油公司

過去，從上游的石油的探勘、挖掘等工作，到下游的輸送、精製、販賣為止的所有石油產業的部門，全都由人稱「七姐妹」（七魔女）的七家公司獨占，他們獲得了龐大的利益。

→ 過去，七大石油公司無視於產油國的意向，控制著價格與產量。

↑ 不滿

奪回原油特許權

1960年，產油國為保護自身利益，成立了石油輸出國組織OPEC（Organization of Petroleum Exporting Countries）。1968年又進而設立阿拉伯石油輸出國組織OAPEC（Organization of Arab Petroleum Exporting Countries），推動資源的國有化。

何謂油元

由於出口原油時是以美元計價，因此稱為油元（oil dollar）。原油也會漲價，因此外幣都集中在中東。

到一九六〇年代為止，全球原油的生產與銷售，以及原油價格的設定，是由七大石油公司（Majors）所支配。進入一九七〇年代後，產油國加強了自身的影響力，將石油專利權完全國有化。於是，他們從七大石油公司手中奪回了原油價格決定權，對全球石油情勢變得有影響力，巨額的油元也流入了產油國。

各產油國一開始揮金如土，不把油元當一回事地使用，過著春風得意的日子，但不久他們預料會有石油枯竭後的「後石油時代」到來。

例如，阿拉伯聯合大公國在杜拜蓋了金融中心，積極開發度假村。

伴隨經濟成長，問題也很多

為因應後石油時代，中東各國大肆採取各種做法，像是設置了稱為「自由貿易區」的交易區域，吸引外資產業前去。

油元的去向

石油是有限的資源。為因應石油的枯竭，產油國投入了得自石油的巨額油元，開始著手多角化發展非石油產業。其重點在於觀光業、金融業，以及石油化學．鋼鐵業。

觀光業

除石油之外，為吸引人流、物流、金流，積極興建鎖定富裕階層的高級度假村，以及發展在全球移動時不可或缺的航空產業。

金融業

希望以得自石油的巨額資金為基礎，成為世界的金融中心。對海外資金提供各種優惠措施，也設有金融自由區。

石油化學．鋼鐵業

利用本國生產的低廉石油，發展石油化學產業（下游事業）或興建鋁精煉工廠等等，目前產量、出口量都在擴大。

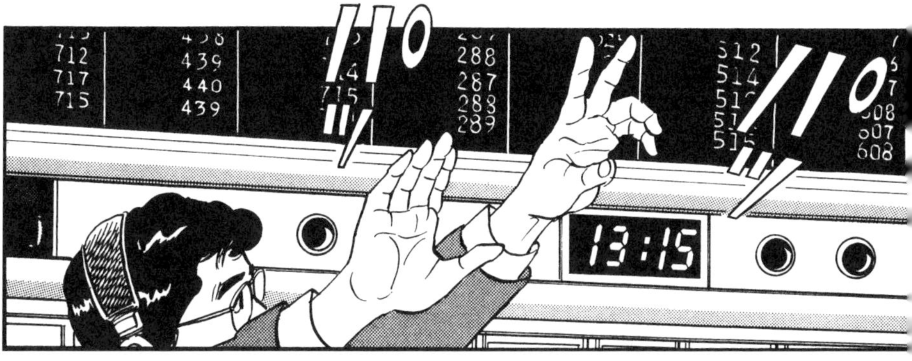

運用藉由石油累積起來的油元，
為後石油時代做準備。

巨大經濟圈歐盟的誕生，對全球造成莫大影響

歐盟是能匹敵美國的經濟區域

發展自歐洲煤鋼共同體（European Coal and Steel Community, ECSC）的歐洲整合構想，現在發展為有27國加盟（地圖有色部分）的歐盟。

英國繼續使用英鎊

歐盟加盟國自1999年起導入了「歐元」這種共同的貨幣單位，委由歐洲中央銀行負責加盟國的貨幣政策。英國以「貨幣統一侵害了國家主權」為由表明不參加，現在仍繼續使用英鎊。

歐洲各國歷經一九五一年的巴黎條約（Treaty of Paris）[1]、馬斯垂克條約（Maastricht Treaty）[2]等，希望尋求歐洲統一。它不僅僅是市場、貨幣等方面的經濟統一，也包括政治在內，希望讓整個歐洲成為「一個國家」。

這想法源自二十世紀讓歐洲分崩離析的兩次世界大戰。在戰爭的艱苦經驗後，歐洲煤鋼共同體成立。又逐一發展出歐洲經濟共同體（European Economic Community, EEC）、歐洲共同體（European Community, EC）、歐盟（European Union, EU），規模不斷擴大，實現了「單一市場」、「單一貨幣」的歐元，誕生出經濟規模僅次於美國的經濟圈。

1. 法、德、義、比、盧、荷六國簽署了《巴黎條約》，成立了歐洲煤鋼共同體。
2. 一九九二年歐盟在馬斯垂克簽訂歐洲聯盟條約，間接促使了歐元的誕生。

歐元的誕生所帶來的影響

歐盟未來也將政治統一列為目標。藉由歐洲統一貨幣歐元的導入，整合了市場與經濟，有了統一的開端。

法朗　馬克　里拉

統一貨幣歐元的誕生
要想導入歐盟的共通貨幣「歐元」，各國經濟狀況必須相近，因此，設置了嚴格的參加標準。

有嚴格的標準

○通膨率獲抑制。
○每年財政赤字控制在GDP的３％以內。
○政府債務餘額控制在GDP的六成以內。
不過，財政赤字與債務餘額有顯著復甦現象者，不在此限。

1
不再有匯率風險
歐元參加國之間就不需要外匯交易了，也不再有匯率變動的風險。其結果是讓歐元圈內的交易興盛起來，經濟也活化了。

2
價格競爭白熱化
關稅壁壘消失，不光是本國內部而已，歐盟內部的企業間競爭也會白熱化。生產據點會從高成本國家移到低成本國家，促使業界重整。

3
對其他貨幣造成影響
歐盟的GDP與人口足堪匹敵美國，歐元可能成為與美元相當，甚至超乎其上的貨幣。對於日圓與美元等其他貨幣都會帶來影響。

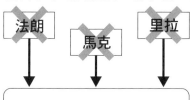

德國

出現「經濟奇蹟」、成長為全球屈指可數的大國

遭逢惡性通膨襲擊

在第一次世界大戰中敗北的德國，背負了嚴酷的賠償金額。敗戰後不久，無力償還的德國陷入大混亂。

第一次世界大戰後

惡性通膨來襲

聯合國以黃金為基準，要求德國賠償1320億金馬克的巨額賠償金，相當於當時德國兩年份的總生產額。為支付這筆款項，德國增印馬克紙鈔，引發連面額一兆馬克的紙鈔都出現的惡性通膨。

德國經歷過兩次敗戰

在兩次世界大戰中敗北的德國，國內在兩次戰後都陷入混亂，經濟被迫進入危急狀況中。兩次都讓國民產生一種「國家存亡受威脅」的焦慮感。

第二次世界大戰後

巧妙地實現了復甦

第二次戰敗後，德國也因為物價上漲而煩惱。不過，西德經濟部長艾哈德（Ludwig Wilhelm Erhard）斷然執行了貨幣改革，實現了人稱「經濟奇蹟」的復甦。

第一次與第二次敗戰後的道路，天差地遠。

第一次世界大戰敗北後，德國根據凡爾賽合約（Treaty of Versailles）負起巨額賠償責任。為支付賠款，德國中央銀行瘋狂印製紙鈔。

這成了引發惡性通膨的開端，社會情勢陷於不安。其結果是納粹政權的誕生，以及再次走向戰爭。

第二次世界大戰後，德國遭逢分裂為東西德的悲劇。不過，西德的經濟部長艾哈德（後成為首相）實行了「社會市場經濟」，實現了奇蹟般的復甦。

其後，東西德統一，成為歐洲經濟的優等生。現在，德國在歐盟裡扮演著核心角色。

完成統一的德國及其後的發展

柏林圍牆倒塌後，固然實現了期盼已久的東西德統一，卻有經濟落差的新問題等著解決。

柏林圍牆

西德

在艾哈德主導下，完全廢除價格限制與配給制度，走上自由競爭市場的道路。

東德

走上社會主義的道路，工業設施遭國有化，大片土地於沒收後分配給農民。

東西德統一

東西德統一後，固然可期待在經濟上有新發展，但前東德的企業缺乏競爭力，逐一倒閉。以前東德為中心，失業者大增。

德國的出口額有四成以上與汽車相關

現在的德國

在歐盟扮演核心角色的德國，擁有歐盟最大的國民總生產額（全球第三位）以及最多人口。出口尤其順暢，以出口額超越美國自豪，其中多半是與歐洲國家間的交易（七成以上）。進口也有七成以上來自歐洲。歐盟的發展與德國的經濟，可以說互有連動。

俄羅斯

活用豐富天然資源、持續成長

過去實施社會主義經濟

蘇聯誕生自俄國革命。掌權者列寧實施了由政府掌管一切的「計畫經濟」。

國家
全面禁止私人交易。經濟的機制是，從工業產品到農產品為止，所有的生產與流通，都由國家管理。

上繳

工廠
生產的物品強制由國家徵購

農場
收穫的蔬菜等農產品也由國家徵購。

由於是一種自己工作多少都無關緊要的經濟體系，國民難以維持工作意願。

在一九一七年的俄國革命中，誕生了全球第一個社會主義國家「蘇聯」，它實施的是計畫經濟。這種方式是國家統一管理財貨與勞務，工廠與農場等地的生產品，全數由國家徵購。然而，國民的勞動意願也因而降低，生產力低落。

眼見國家經濟問題日益嚴重，蘇聯將共產黨支配改為大總統制，第一代大總統戈巴契夫推動了「改革」（perestroika）政策。

然而，諷刺的是，此舉促成了各共和國的獨立契機，蘇聯因而瓦解，也從計畫經濟變為市場經濟。缺乏競爭力的俄羅斯經濟固然因而失速，但該國以豐富的天然資源為背景，在全球性原油價格高漲之下，最近正急速復甦。

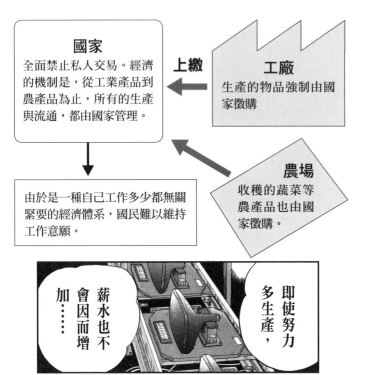

經濟因為與原油價格的連動而成長

全球國土最大的俄國，是天然資源的寶庫。在國際原油價格高漲下，該國收益力大為提高。

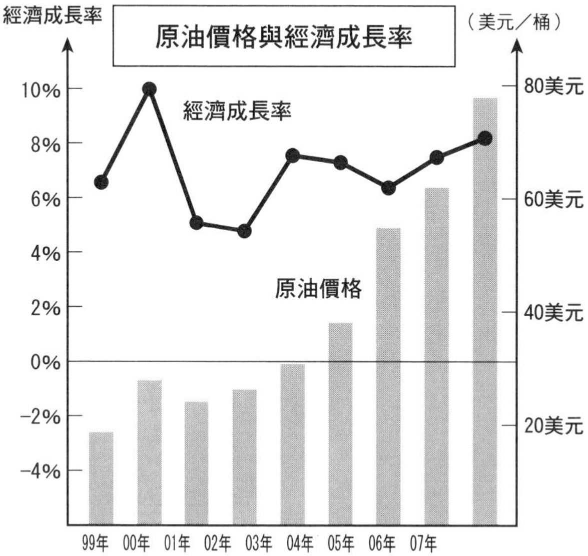

（資料來源：依據外務省網站及財務省「通關統計」製成）

俄羅斯是能源大國，其原油生產量是全球第二位，天然氣產量及埋藏量是全球第一位。俄國以豐富的天然資源為武器，總出口額中約有七成來自於原油及石油精製品等。

背負多項令人擔心的問題

俄羅斯目前是從長期間的計畫經濟體制轉為市場經濟的過渡期。經濟固然因為原油高漲而順利發展，但仍有多項尚待解決的問題，未來也有不少值得擔心的事。

適應市場經濟

原本生活在計畫經濟體制下的國民，不習慣於市場經濟，生產力提升不起來。經濟要想安定成長，課題在於國民的意識改革。不過，俄羅斯年輕人的工作態度，已開始適應全球化了。

因應人口減少

在蘇聯瓦解的混亂中，出生率低落。此外，俄羅斯人由於生活於嚴酷環境中，男性的平均壽命尤其短，止不住人口的減少。要想解決勞動人口減少的問題，勢必得要接受移民。

因應對天然資源的依存

由於經濟依存於天然資源的出口，也帶有受到市場價格變動之左右的脆弱性。
俄羅斯必須盡早改革產業結構，轉換為高附加價值的產業。

南美

政治與社會均不安定，但經濟仍平穩成長

不時遭逢經濟危機

南美各國由於政情不安定，再加上多國都採用「緊釘美元」的匯率制，不時會遭到金融危機侵襲。

美國在中南美各國有龐大的投資，對美國而言，這些國家的經濟危機，並非他人瓦上霜。

巴西
美元升值致使巴西里拉的價值上升，貿易收支因而惡化，陷入金融危機。

里拉
貨幣單位

貨幣單位
披索

阿根廷
被襲擊巴西的金融危機波及，陷入金融危機

墨西哥
政府操作披索貶值，致使海外資金抽離。披索被急速拋售，陷入金融危機。

阿根廷謀求「美元化」
該國目前正計畫將本國貨幣由披索改為美元。這樣只要美元走穩，本國經濟也能守住。

南美各國幾度遭逢金融危機，每次都接受了來自美國的龐大金融援助。南美受到美國支配的意識很強烈。

例如，巴西的進出口有四分之一以上是與美國往來；對外債務有六成以上以美元計價，變成動不動就受到美國的景氣與利率所影響。

為跳脫依存美國的經濟形態，一九九五年「南方共同市場」（Mercado Comun del Sur）成立了。

透過這個組織，巴西向加盟國的出口急速增加，到達接近對美出口額的水準。

南美各國的貿易構造，正由對美依存型朝向區域內依存型變化。

加深與全球各地經濟圈之間的關係

像歐盟一樣，南美也開始有了創建自由貿易市場的構想，在全球簽訂自由貿易協定（FTA），希望跳脫對美國的依存。

南方共同市場

契機來自於1980年代後半，巴西與阿根廷間產生的經濟統一構想。1995年，又加上巴拉圭與烏拉圭，四國開始形成「南方共同市場」。目前包括準加盟國在內共有10個國家。

與其他經濟圈間的合作

目前，該組織正推動強化與全球各地的市場共同體間的合作。一旦與北美自由貿易協定（NAFTA）間的合作成立，全球最大（人口八億人、GDP12兆美元）的FTA圈將會隨之誕生。歐盟也正注意其動向。

法屬圭亞那、蘇利南、蓋亞那三國未加入
灰色部分是南方共同市場的加盟國。可以看出南美區域幾乎所有國家都加盟了。

金融危機會帶來嚴重的經濟停滯

總統發表要讓披索貶值13%
MOTORCYCLES
LUNCH

金磚四國

蘊含大幅改變全球經濟勢力地圖的力量

金磚四國擁有多項成長關鍵因素

金磚四國是未來可能形成大規模市場的國家，因而備受矚目。其原因在於金磚四國有共同的高潛力。

國土
土地是生產要素之一。俄國的國土面積全球第一，其他各國也都保有廣大的土地。

人口
人口是勞動力的根源。中國約有13億人口，光是金磚四國就占了全球人口約45%。

天然資源
原油與鐵礦等天然資源很豐富。俄國因為原油高漲，經濟急速成長。

來自海外的投資，有效活用了金磚四國的豐富生產要素。

近幾年，以中國為首，有幾個持續呈現高度經濟成長的國家受到矚目。美國的高盛證券公司，在二〇〇三年給投資人的報告中，以新造字「BRICs」來稱呼這幾個正在抬頭的新興國家。BRIC代表的是巴西、俄國、印度，以及中國等四國的英文第一個字母。

這金磚四國在不可或缺的生產要素上有三大優勢，包括「國土廣大」、「人口眾多」、「天然資源豐富」等。也由於擁有龐大的潛在消費力，預計先進國家將會與金磚四國建立更密切的經濟關係，像是只要這些國家的國內消費成長，先進國家對它們的出口就能擴大。

金磚四國今後的發展

我們已經無法忽視金磚四國的存在了。今後，金磚四國能順利發展嗎？到那時候，我們會受到何種影響呢？

對日本的好處

金磚四國的經濟一旦向上提升，個人消費會增加，日本製的汽車或電化製品出口增加的可能性就會變高。從海關統計上來看也是，2000年左右，對金磚四國的出口額急增，五年連續呈二位數的成長。出口占比也急增為兩倍。

對日本的壞處

金磚四國為因應大量能源消費，有部分能源會仰賴進口。全球能源會因而變得不足，原油等能源的價格將高漲。能源仰賴進口的日本，企業收益的惡化很讓人擔心。

金磚四國一旦順利成長

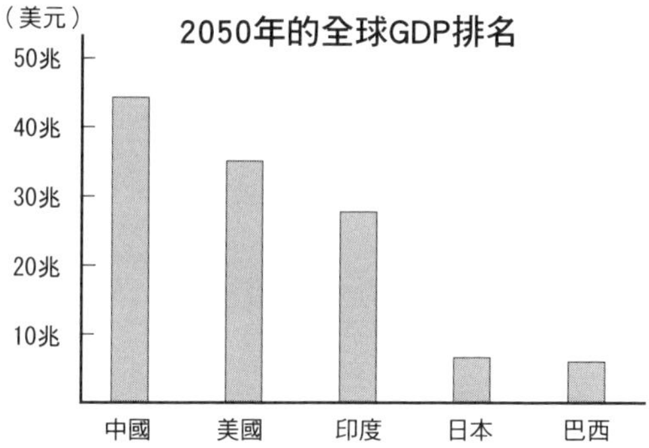
（美元）
2050年的全球GDP排名
50兆
40兆
30兆
20兆
10兆
中國
美國
印度
日本
巴西

2039年為止，金磚四國的GDP總計將超過美國、日本、德國、英國、法國、義大利（G6）的總計；2050人年，GDP排名據估計依序會是中國、美國、印度、日本、巴西、俄國。

（資料來源：高盛證券，Dreaming with BRICs: The Path to 2050）

Column BRICs的「s」指的是南非？

BRICs的「s」固然是英語中的複數形，但有時候也會改為使用大寫的S，把南非也加進來。南非的景氣在2005年的實質經濟成長率較前一年增加4.9%，呈擴大的傾向。

之所以如此，關鍵因素在於，全球對於黃金與鐵礦、白金的需求很大，原物料相關產業發展順利所致。此外，為舉辦2010年世界盃足球賽，該國正進行基礎建設之整備；開普敦沿岸也正在開發度假村，經濟很有發展。

統一管理大幅波動的原油價格以及產量不穩定的市場

洛克斐勒出生時的美國，正是街頭使用油燈照亮夜晚道路、暖氣把家庭從寒冷中解放出來的時代。燈油等石油製品的需求正急遽成長。

亨利・福特開發出廉價的T形車後，原油的生產就成長為決定性的重要產業。

然而，當時的原油價格極其不穩定，變動很大。原本每桶二十美元的價格，短短兩年內，可能跌到幾十分。

有個男人為這樣的原油市場帶來了秩序。他就是標準石油（Standard Petroleum）的創辦人，約翰・洛克斐勒（John D. Rockefeller）。

掌握世界財富的巨人

約翰・洛克斐勒

美國

1839-1937

無情地痛擊競爭公司，是個大膽而冷靜的經營者

一八五六年，美國賓州首度發現油田。周邊宛如興起一股「石油熱」般熱鬧，其中也有洛克斐勒的身影。

石油無論在哪裡採掘、在哪裡精煉，基本上都是相同的產品。洛克斐勒注意到這一點，認為價格差異只會來自於運輸費。

他與鐵路公司簽訂祕密契約，尋求各種方法獲取運費上的折扣。其後，洛克斐勒逐一吸收競爭公司，把支配力拓展到採掘、精煉、運輸、銷售等各個領域中。最後，標準石油終於成為支配全球近九成石油的公司。

第2章

生活就是從事經濟活動

上班、搭電車、坐計程車。
這些日常生活中的行為，同時也是一種經濟活動。
所謂的經濟學，就是分析日常活動的學問。

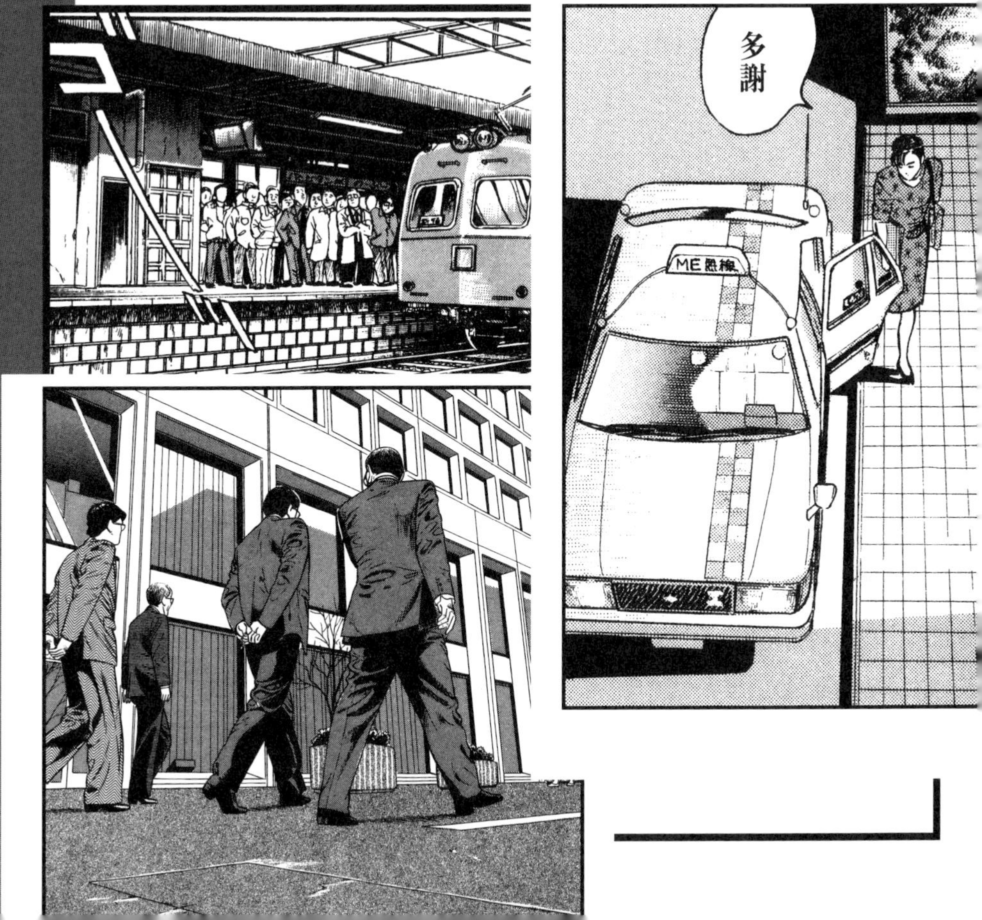

思考如何不浪費地運用有限資源

任何人應該都曾經不由得對「限量十個」、「限今天」這些銷售用詞產生過反應吧！這是一種巧妙利用消費者心理的手法，透過「物品有限」讓人覺得它的價值很高。對於數量有限的東西，如果有很多人想要，就會馬上賣光。在經濟學中，稱之為「**資源的稀少性**」。

經濟學中所謂的資源，包括石油等地球資源，一直到生產品、勞動力、有形與無形的服務等等。所謂的稀少性，指的是對於利用資源製作出來的東西所抱持的「想要取得」的欲求。但資源的存在必然有其「限度」。相對於此，人的欲望卻會膨脹到「無限」。即使所有人都變成有錢人，也沒辦法讓每個人都蓋豪宅。這是因為建築材料與勞動力等，都是有限的。

正因為資源有限，才需要一些能有效率地好好予以使用的方法。現代社會中，已經建立起藉由市場交易調整需求（無限大）與供給（有限資源）的機制了。所謂的經濟學，可以說就是研究此一市場交易機制的學問。

要想有效率地運用資源，有三大課題

社會上存在著多樣化的需求（欲求）。然而，由於資源有限，因此必須先考量三大基本問題，再找出答案。這三大問題是：「要生產什麼」、「如何生產」以及「為誰生產」。要想滿足所有人並不容易，但由於針對這三大問題所做出來的選擇將會大幅左右我們的社會環境，因此必須努力盡可能推導出正確答案。經濟學將可扮演指針的角色，成為照亮社會應走道路的燈塔。

金錢可以解決稀少性的問題？

寶石之所以價值不菲，是因為它的稀少性。那麼，如果每個人都變成有錢人，可以自由得到高價寶石的話，就能解決稀少性嗎？

一旦變成有錢人
由於能夠自由取得稀少性的高價寶石，一時之間寶石會瘋狂暢銷。

看起來似乎解決了稀少性的問題

喂，你有沒有心要做啊！

會變成沒人挖寶石
由於人人都是有錢人，工作意願難以維持，工人不再挖寶石。

啊？
……
噢……

停止生產
無人挖掘寶石的話，生產就會停滯，相對於過多的需求，供給會變得無法滿足。

商品在店頭消失
由於無法生產，不久寶石會從店頭消失，變得無法取得。也就是說，沒有解決稀少性。

稀少性的問題不會解決
即使有錢，這問題也不會解決。這是因為，稀少性不是資金（錢）的問題，而是資源有限的問題。

特定年份的上等紅酒，是市面上流通量很少，價值很高的商品。

這種紅酒的產量極少，每年只生產五百箱，幾乎不會在全球流通。

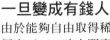

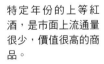

在責任自負的時代，學會如何挑選最好的東西

有限的資源，該如何有效活用呢？經濟學的基本概念之一「稀少性」，會引發各式各樣的經濟現象，其中之一就是**「取捨」**（**trade-off**）。所謂的取捨，就是當你想要實現什麼的時候，會犧牲掉某種東西，指的是一種無法同時成立的矛盾關係（二律相悖）。

取捨的關係，我們在日常生活中也經常碰到。例如，產品是反映消費者需求而做出來的，而消費者希望可以有便宜的產品。然而，要做出好產品，就必須花費成本。「便宜」與「好產品」，原本就是無法同時成立的「二律相悖」。不過，如果藉由縮限產品的用途，還是可能讓二者之間的關係相接近。

例如，高性能的ＤＶＤ錄影機固然昂貴，但如果縮減功能，讓使用的零件減少，就能刪減成本。也就是說，可以找出「高性能」與「縮限性能」之間的取捨關係，讓它成為既便宜、功能又還不錯的產品。

在檢驗什麼是必要、什麼是浪費的經濟學之中，把諸如此類的取捨關係弄清楚，是很重要的。

機會成本凸顯出無形成本

在取捨之下並未選擇所造成的損失，稱為「機會成本」。例如，業務員搭計程車拜訪客戶的話，花費是300元（10分鐘），但搭電車的話花費是60元（30分鐘）。乍看之下，搭計程車好像很浪費，但假設業務員的年收入換算成時薪是1800元，相對於搭電車的成本900元＋60元，搭計程車的成本是300元+300元。換算成機會成本後，搭電車反而會多花360元的（無形）成本。

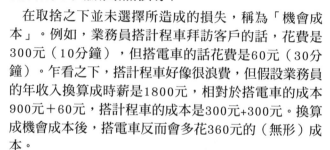

加入其中一派，就會失去加入其他派的機會。上班族的權力鬥爭中，也有取捨關係存在。

我們周遭也有很多取捨關係

所有的東西（時間、物品、資源等）都有限，我們是不斷在選擇中生活的。在經濟學裡，也很強調沒有選擇那部分的機會成本。

時間
為確保自由時間，減少工作時間，收入變少了。

工作

金錢
如果想要增加工作時間多賺錢，自由時間就會變少。

體重
若想減少體重，就不能自由吃自己愛吃的東西。

減肥

愛吃的東西
一旦自由吃愛吃的東西，就必須擔心體重增加。

從財政問題到環境問題等，都是經濟學的範圍

所謂的經濟，就是生產出有價值的產品與服務，再予以分配的一種機制。今天的經濟是透過生產、流通、消費的循環運作的；食衣住的物資與服務等，都是因為有經濟活動，我們才能接收到。

貨幣問世前的經濟活動，基本上是靠以物易物。歷經二十世紀的資訊通訊革命，商品的生產能力提升後，市場也急速擴大。現在，透過電子網路，全球的經濟都連結在一起。

經濟會隨時代的演進擴大規模，在受到政治與社會的影響下，以一定的週期產生景氣與不景氣的起伏。再加上經濟與全球情勢相關，更增添其複雜度。經濟學就是考量由政治、社會、國際關係等融合在一起的各種因素，在分析後解讀經濟如何變化的一門學問。因此，經濟學的涵蓋範圍相當寬廣，必須與經濟活動中多種面向的知識相連結，像是財政、金融、公共經濟等政策面，企業組織與勞動的切面，再加上經濟史或經濟發展等。

最新的金融市場依照數學理論在運作

近年來，在金融市場中，漸漸興起的是選擇權交易（參照本書P.133）。這是一種為避免匯率風險等等而開發出來的交易方式，為算出選擇權的售價（權利金），已經運用到「隨機微分方程」（stochastic differential equation）這種高度數學理論。

除此之外，也有很多透過數學釐清或證明的經濟理論，可以說經濟學與數學有很強的關聯性。

經濟學的各項領域

在生活各種情境中，「經濟」都會登場。不同場景都有其專業性，自成一門學問。

財政學
以政府經濟活動為對象。從道路等社會資本的整備，到警察、教育、社會保險，也都是重要議題。

經濟學史
探究以亞當．斯密（Adam Smith）為首的經濟學者的想法、理論、思想的根據，檢證經濟學的歷史。

金融工程
研究如何降低與金融商品的市場價格或企業信用力相連動的金融交易之風險、追求有效率的利益。

勞動經濟學
研究身為財貨與勞務之泉源的勞動力。議題包括學歷之意義、人才培育、終身雇用制今後的發展等。

發展經濟學
思考如何把國家的發展方式與國家的經濟特質相連結。這將可成為解決貧困問題的途徑。

賽局理論
競爭市場中，無數的決策會相互影響。賽局理論分析的是在相互依存關係下，決策的選擇形態。

環境經濟學
屬於新學問，闡明環境問題的發生機制，提示形成循環型社會的具體對策。

國際經濟學
分析國與國間經濟活動的學問。分為財貨與勞務的貿易，以及投資、金融面等兩大領域。

總體經濟學
以國為單位分析經濟現象。從中可學習景氣、公共政策、匯率、利率問題等。

個體經濟學
從中可學習決定商品價值的原理、追求利潤的企業活動，以及個人的消費活動等。

個體經濟學與總體經濟學是構成經濟學主幹的要素。

經濟學之樹

學習歷史，經濟學會變得更有趣

經濟學固然自古以來一直受到研究，但與醫學、哲學相比，仍屬較新的學問。即便如此，一直以來它仍是支持著人們生活的學問。

經濟學的歷史

看看經濟理論或思想的演進，就能理解當今經濟學體系的誕生背景。

重農主義

法國的奎內（François Quesnay）認為，所有財富都來自於農業，因此提倡透過貿易把財富從農民身上分配到其他階層的想法。

18世紀

工業革命後，商品的流通與消費型態改變了。

亞當．斯密的經濟學

否定了當時歐洲主流的「重商主義」。建立起近代經濟學的基礎，也就是「自由放任主義與自由貿易是生產與分配財富時最有效的方法」。

亞當．斯密
（1723～1790）

發明「相對優勢」理論的古典派始祖

李嘉圖（David Ricardo）使用「相對優勢」（參見本書P.164）一詞提倡自由貿易。由各國生產自己擅長的產品，透過貿易使全世界變得富庶。

卡爾．馬克思
（Karl Marx,
1818～1883）

Column 預言資本主義終結的馬克思

資本主義經濟一旦發展，會產生社會問題。由資產階級與勞動階級構成的落差社會，會開始出現各種矛盾。馬克思在他的著作《資本論》中，分析了古典經濟學派以及資本主義的矛盾。

馬克思預言，由於社會結構改變，不久勞動階級與資產階級的立場會逆轉，資本主義將會為社會主義所取代。然而，社會主義在1990年代近乎滅絕，他的預言並未獲得證明。

劍橋學派

約翰・凱因斯
(1883～1946)

與老師反目，完成凱因斯革命

相對於「供給創造需求」的古典派教義，提倡「需求創造供給」的理論，世稱「凱因斯革命」。

確立「福利經濟學」的領域

在與凱因斯的爭辯中，皮古一直到最後都擁護古典派。他是以「福利」為主題的「福利經濟學」（Welfare Economics）之始祖。

「需求」與「供給」的均衡理論登場

這是近代經濟學的主流，由劍橋學派挑樑的「需求供給理論」。
它是由該學派始祖馬歇爾（Alfred Marshall）所提倡，成為個體經濟中的必備知識。馬歇爾的學生包括提倡福利經濟學的皮古（Arthur Cecil Pigou），以及發展出凱因斯經濟學的凱因斯（John Keynes）。

亞弗列德・馬歇爾
(1842～1924)

19世紀

機械化提升了生產力，進入享受消費的時代。

「邊際」的概念出現

1870年代，耶方斯（William Stanley Jevons）、門格爾（Carl Menger）、瓦爾拉斯（Leon Walras）等三人在同一時期提出了類似的「邊際」理論（參見本書P.74）。他們各自的概念，為日後的經濟學揭示了確切的方向，世稱「邊際革命」。

人類有歷史，街道有歷史，
經濟學也有歷史。

是放任市場的新古典學派？還是政府會介入的凱因斯學派？

世稱「經濟學之父」的亞當．斯密，針對他稱之為「一隻看不見的手」的市場，提出了他的看法。他認為，市場價格會反映出需求與供給，也會自由變動（市場基本主義）。經濟學長期以來都忠實追求這種思想。其觀點是，由於市場中的價格會彈性變動，政府只要專注於去除造成阻礙的因素，經濟就能漸漸均衡發展。基於這樣的想法而形成的體系，就是**「新古典經濟學派」**。

對此提出異議的是**約翰．凱因斯**。他認為，市場不會自行發揮功能，必須靠政府等力量刻意調整市場需求，讓企業的生產活動活潑化。也就是說，只要刺激勞動需求，勞動者的所得會增加，市場也會活潑運作。

兩派間的差異在於，對於市場中「價格如何決定」所抱持的看法。也可以成是「重視需求」與「重視供給」的差異。現代也以這兩大經濟思想為主流展開研究。

「一隻看不見的手」操縱著市場

亞當．斯密在著作《國富論》中提到，出於自利心的自由競爭，會自動把「生產與消費」帶往不多不少的均衡狀態。人類的行為固然出於自利導向，但只要道德觀念形成，就會希望能夠獲得第三人的共鳴。於是，調和的秩序就自然而然形成了。這樣的作用，他稱之為「一隻看不見的手」（the invisible hand）。

新古典經濟學派的起源來自於道德哲學的延伸。

凱因斯顛覆經濟學常識

相對於對供給的重視，他重視的是需求。凱因斯與古典學派完全相反。

亞當・斯密的自由放任主義

在經濟上，國家應該維持小一點的政府。不介入市場，而支持自由的經濟活動。此稱之為自由放任主義（laissez-faire）。這種想法認為，在自由競爭下，「一隻看不見的手」將發揮功用，帶來最大程度的繁榮。

- **交給市場**
- **從長期思考**
- **不存在失業者**

凱因斯的登場，是個世稱「凱因斯革命」的衝擊性事件。

凱因斯的總需求管理政策

由政府介入市場、增加需求的經濟政策。認為政府可以積極推動公共投資等財政政策，以及利率調整等金融政策，藉以刺激需求、增加GDP。這是與亞當・斯密的自由放任主義完全相反的想法。

- **政府必須介入**
- **從短期思考**
- **需求催生供給**

Column 「貨幣主義」、「新經濟」等新觀念出現

認為經濟的安定少不了「貨幣供給」的想法，就是「貨幣主義」。然而，它卻難以說明1990年代美國經濟的活絡狀況，因而有人提出「新經濟論」的觀點。

一直以來，景氣都是復甦與衰退、好與壞之間的交互呈現，但那段期間的美國，卻長期維持好景氣，實現了5%以上的成長率。那是既有的景氣循環所未曾見過的新現象。

經濟活動中會產生有形的財貨，以及無形的勞務

日常生活一定會牽扯到錢。以經濟用語來說，在分類上會把食品、衣服等有形的東西稱為**財貨**，而把看電影、旅行、醫療等無形的東西稱為**勞務**。

由於財貨與勞務伴隨著金錢的交易，因此稱之為「經濟財」。相對於此，不必付出對價、任誰都能取得的東西，像是空氣等，就稱為「自由財」，二者的差異在於「稀少性」的不同。空氣大量存在，沒必要刻意生產，也因此毋須購買（沒有稀少性）。但同樣是空氣，在水肺潛水等場合，就必須以氧氣筒（有稀少性）的形式購買，此時它就成為經濟財。

正因為經濟財來自於某人的勞動，因此有它的稀少性。由民間企業與公家機關所生產、供給的經濟財，分別稱為「私有財」、「公共財」。

它們又可以視購買者的不同再予以分類。例如，自行購買的汽車就是「消費財」，企業買車就變成「生產財」。

藉由將財貨與勞務細分化，將可更容易了解經濟的複雜流程。

財貨可分為各式各樣的種類

與個人生活有關的東西，幾乎都包括在消費財裡。消費財又可再分為耐久財與非耐久財。

經濟財				自由財
私有財			公共財	
消費財		生產財		
耐久消費財	非耐久消費財			
汽車、家電、家具等長期使用的商品。	預計耐用年數不滿一年，或是購買價格相對較低的食品或衣服。	為生產產品與服務而購買、使用的原料或零件、設備等。	由道路或消防等公家機關所提供的財貨與勞務。具有「不競爭、不排他」的特性。	供給遠大於需求的財貨。由於不具稀少性、沒有價格，可以自行取得。
像是……	像是……	像是……	像是……	像是……
		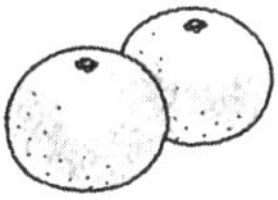		
微波爐等	T恤等	果汁用的柑橘等	公園的長椅等	陽光等

大家一起使用的東西，誰來出錢？

搭便車者（free rider）指的是他們「免費搭車」。搭的人不負擔費用，只享受設施的便利。

例如，由商店街的各店家共同支付費用，興建公共停車場。但某家店說「我們店不需要停車場」、拒絕出錢。等到停車場實際完成後，造訪這家沒出錢店舖的客人，卻又使用了停車場，諸如此類。在建造屬於公共財的橋樑時，也會發生這種問題。

沒有人、工具與場所，什麼也做不出來

人們要想獲得財貨與勞務等經濟財，就非得使用稀少的生產資源不可。生產資源可區分為工作者（勞力）、生產的機器或工具（資本），以及生產的場所（土地）這三項因素。

勞力指的是擁有生產能力或技能的一群人。其質與量並不固定，會因為人口增加或戰爭等社會情勢而變化，成為生產力有所變動的不安定因素。

資本指的是用於生產財貨、勞務的機器或工廠、生產設備等等。資本是透過人類的生產活動而來的。例如，業務用車是使用其他資本製造出來的，資本會一面變換型態，在多種產業中移動。此外，用來購買生產所需工具或機器的資金，歸類於「金融資本」。

土地指的是工業用地、商業用地、農地、森林、礦山、漁場等所有能產生所得的不動產。為確保勞動力，土地的立地條件有其限制，稀少性很高。這些生產要素各有必須支付的報酬：必須為勞動付出薪資，為資本付出利潤，為土地付出地租。

創業家開拓新市場

在生產要素之一的「勞力」中，並不包括創業家在內。這是因為創業家在開拓新事業時，承擔了追求利潤的風險，是特別的存在。勞動者固然為企業帶來利潤，卻受到保護，不會直接面對風險。

創業家的活動中蘊藏了很大的發展性與成長性，也會有新市場誕生。

追求成功的上進心驅動著創業家

事業的經營，大有因為失敗而破產的可能性。但創業家卻在明知有風險下，仍朝著成功採取行動。

以創辦新軟體公司為例

創業家
創業家承擔破產或負債等風險，創辦公司。

土地

租借辦公室
租借辦公室做為勞動者工作的場所，或是自行購買土地、興建大樓。

地租
支付辦公室租金、土地使用費等地租費用。

勞力

雇用優秀人才
程式設計師、工程師或總務等公司在經營上會需要的優秀人才。

薪資
對於提供勞動力的人，支付薪資做為對價。

資本

購買電腦或辦公用品
購買軟體開發所需之電腦、電話、傳真機、影印用紙等辦公用品。

利潤
支付辦公用品等之購買款項。從銷售端來看，這會成為他們的利潤。

這是一個人才變動激烈、轉職頻繁的時代。即使公司有優秀人才，要留住他們也不容易。

在全球化的浪潮中，經濟會變化

資本與勞力超越了國界，貿易與對海外投資也增加了。經濟的全球性連結程度愈來愈高。

美式資本主義普及

全球化需要能夠公平自由競爭的經濟環境。為此，各國紛紛鬆綁法令，讓資本與勞力可以跨越國界自由往來。其結果是，全球規模的經濟競爭展開了。

法令鬆綁

法令原本是為了從各種用意保護國內企業，一旦與貿易或投資相關的法令消失，海外企業就能參與交易。

市場開放

由於法令鬆綁，在自由交易下，市場充滿國際色彩。原本受到保護的企業，會陷入國際競爭的漩渦之中。

競爭白熱化

此外還有這樣的變化……

金融全球化

法令鬆綁、市場開放下，貿易額成長、在全球展開活動的企業增加了。這種狀況下，各國的金融管制一旦太嚴格，將會有礙於自由競爭。因此，存款、投資、資金調度等法令也會放寬。

全球規模的購併

全球競爭變得白熱化後，各產業會開始產生重整。其結果是，互補彼此不擅長領域的購併會變得常見。企業會把它定位成一種能在短期內擴大事業的戰略。

我想進行TOB
（參見P.128）

島耕作也動身飛往海外進行收購談判！

我們也認為這種做法最好

地域經濟也會形成群體

經濟全球化發展下，也會開始出現基於政治、經濟、文化、軍事等層面之地域性的整合。也有一些地域統一貨幣，在經濟上不再有國界的概念。

①EU
歐盟
法國、荷蘭、義大利、德國等27國

②OPEC
石油輸出國組織
伊朗、伊拉克、科威特、沙烏地阿拉伯、委內瑞拉等10國

③AFTA
東協自由貿易協定
汶萊、馬來西亞、菲律賓、新加坡、泰國等10國

④APEC
亞太經濟合作會議
東南亞國協、北美、南美、大洋洲、亞洲等面太平洋的21國

⑤NAFTA
北美自由貿易協定
美國、加拿大、墨西哥

⑥MERCOSUR
南方共同市場
巴西、阿根廷、巴拉圭、烏拉圭等10國

一旦簽訂自由貿易協定，就可自由交易物品

便利商店、網路上，所有地方都變成市場

經濟學中所謂的市場，不光只是魚市場、股票市場那種具體場所，而是包括讓「想賣東西的人」與「想買東西的人」集合在一起的所有場所。食品或家電等具體商品之外，就算是美容院或電影院等提供服務的空間，以及讓人以蔬菜或魚以物易物的地點，只要交易成立，都是市場。

市場都會有「循環」這個共通的概念。例如，假設你在汽車公司上班，負責組裝汽車，據以領取報酬。你使用工作中得來的收入，在超市購買食品。那些食品是用你所服務的公司所生產的車輛搬運的。這麼一來，前去購物的超市用於買車的錢，就會變成也包含在薪資之中。

所有的市場都是藉由賣方與買方的交易，讓財貨與勞務能夠流通。之所以如此，是因為所有人既是賣方（把勞力賣給公司，獲取薪資）也是買方（相互依存）。

「個人」扮演著各種不同角色

在經濟學中，市場可分為三類，包括生產市場（企業）、勞動市場（勞力），以及資本市場（金融）。在生產商品、銷售商品、購買商品時，所有市場都必須發揮功能才行。存在於其核心的，是「個人」。

個人購買財貨或勞務時，是「消費者」；在生產市場中工作時，是「勞動者」；以獲得的收入投於事業時，是「投資者」。個人在三種市場中扮演不同角色。

中國是個有十三億人口的龐大市場
景色絕佳！

市場的機制與種類

市場中會因應需求與供給進行各種交易，「人、物品、金錢」也會跟著變動。觀察其變動與機制，進而構築更高度化的體系，是經濟學要做的事。

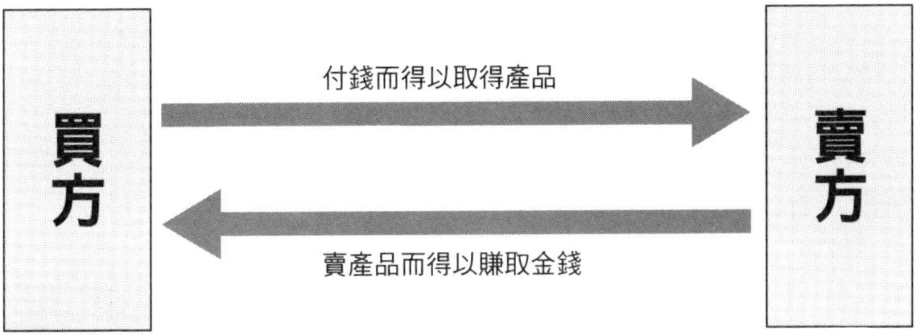
買方
付錢而得以取得產品
賣產品而得以賺取金錢
賣方

勞動市場

提供勞動服務，獲得薪資做為對價。

資本市場

企業調度資金或個人進行投資。

生產市場

企業生產財貨，消費者消費。

全球標準的市場經濟也會有問題

食衣住是人生存之所需，它們經常會碰到稀少性的問題。市場要一面做出「生產什麼」、「如何生產」、「為誰生產」的決策，一面生產財貨與勞務。此外，出於不同的決策方法論，經濟體系可以分為市場經濟、計畫經濟、傳統經濟等三類。

市場經濟是一種把經濟的各種問題交由市場交易解決的制度。它的觀點是，由於市場中會有自由競爭，交易會在最有效率之處成立，因此可以形成一個人人都能接受的社會。

計畫經濟是由國家有計畫地解決經濟問題的制度。財貨與勞務的生產並不自由放任，而是由國家訂定計畫、下達指令，很難反映出個人的想法。

傳統經濟是一種根據習慣與文化，進行生產與分配等主要經濟活動的制度。在聚落或村落等小規模集團中，仍存有這類的經濟體系。由於生產活動依照集團文化有固定做法，因此可預測性很高，可以維持持續而穩定的供給。

資本主義的原理推動著市場經濟

資本主義經濟並不由國家介入，而是把經濟活動交給市場的一種體系。個人與企業等個體固然可自由交易，但責任也必須自負。

多數賣家與買家進入其中，在競爭原理的運作下，從中選擇有利於己的交易條件。

市場會依照選擇的結果而動，接著競爭原理又繼續運作，需求與供給會有彈性地漸漸取得平衡。

任何體系都有好的一面與壞的一面

目前尚不存在任何能夠讓經濟絕對安定、把利益分配給全體成員的機制。任何體系都有它的優缺點。

市場經濟	計畫經濟	傳統經濟
優點	**優點**	**優點**
○自由度高 ○政府介入少 ○可視社會情勢的變化彈性以對 ○決策也自由 ○財貨與勞務多樣化 ○消費者滿足度亦高	○決策快速 ○可在短期內改變國家的發展方向	○個人角色明確 ○具有穩定的持續性 ○可過著某種程度可預測的生活
缺點	**缺點**	**缺點**
○報酬會集中在生產性高的資源上 ○會出現M型社會 ○市場會有失敗	○自由度低 ○反映不出個人的想法 ○市場缺乏多樣性 ○勞動意願很低	○對於傳統的風俗與觀念以外的東西，會有予以排除的傾向 ○市場容易停滯

價格競爭是市場經濟的面向之一

各地域的貿易少不了付款功能

馬可波羅造訪亞洲各國，把見聞整理成了《東方見聞錄》。書的內容對歐洲的人們而言，一時之間難以置信。

亞洲已經發明了火藥、指南針，也在發展造紙技術。也由於傳來了諸如此類的情報，歐洲與中近東、亞洲間的貿易，漸漸興盛起來。

貿易一旦興盛，必然會出現如何付款的問題。當時的銀行業，主要是扮演匯兌商的角色。之所以會在掌控地中海這個貿易要道的義大利出現梅迪奇這個大型銀行家，可說事屬必然。

掌握世界財富的巨人

科西莫・梅迪奇

義大利

1389-1464

擴大事業，成為「佛羅倫斯的君主」

在梅迪奇家族中，發展得最好的是科西莫・梅迪奇（Piero di Cosimo de' Medici）。在極其昌隆的義大利銀行業界，他位居核心地位，有「義大利銀行之父」之稱。科西莫不光是銀行業，也涉足貿易、外匯、絲綢、鉛的流通等各項事業。

一說到科西莫，少不了要談到他身為藝術支持者的那一面。義大利有許多畫家、雕刻家、建築家，科西莫當時熱心地成為這些人的金主。這樣的做法一直承續到很久之後，梅迪奇家族遂成為文藝復興開花結果的一大助力。

第3章

價格依照買賣雙方的意願決定

——個體經濟學的基礎

平常我們都自然而然購買漢堡、水果等各種商品。
那麼，商品的價格是如何決定的呢？

買方希望以低價多購買

經濟動起來的重要因素之一，在於消費者那種「想要」的心情。「想吃麵包」、「想看電影」等等，在經濟學中稱之為「麵包與電影有其需求」。然而，由於可支配金額有限，消費者會藉由價格等因素控制自己的需求。

不過，只要再加上某項條件，需求有時候也會擴大——價格下跌。例如，每罐三十元的啤酒，如果買五罐打八折的話，需求可能會增加為六罐。當然，也可能因為漲價而使需求從五罐變四罐。把這種價格與需求量間的因果關係呈現出來的圖形，稱為「**需求曲線**」（參見左頁）。

需求曲線一般會在縱軸呈現財貨與勞務的價格，在橫軸呈現財貨與勞務的需求量。雖然價格下跌未必就會讓需求增加，但這裡是把價格以外的條件當成不變，檢視價格與需求間的關係。需求曲線圖的特徵是，它是往右下而去的。在經濟學中，透過因果關係先掌握變化的程度，藉以讓銷售更有效率，是很重要的。

所得效果與替代效果會改變需求量

啤酒與發泡酒的用途相同，現在假設啤酒200日圓、發泡酒100日圓，二者之間有價差。如果啤酒降為半價，就能夠買到兩倍的啤酒，那麼好喝的啤酒需求就會增加。這稱之為伴隨著價格下降的「所得效果」。

相對的，發泡酒與啤酒相較之下變貴了。原本只購買發泡酒的人，就會購買價格相同的啤酒。這稱之為「替代效果」。

圖形往右下而去

如下圖所示，需求量會隨價格變化。從縱軸拉一條水平線，與曲線相交處就是需求量。

試著以麵包的需求為例思考看看

需求曲線圖

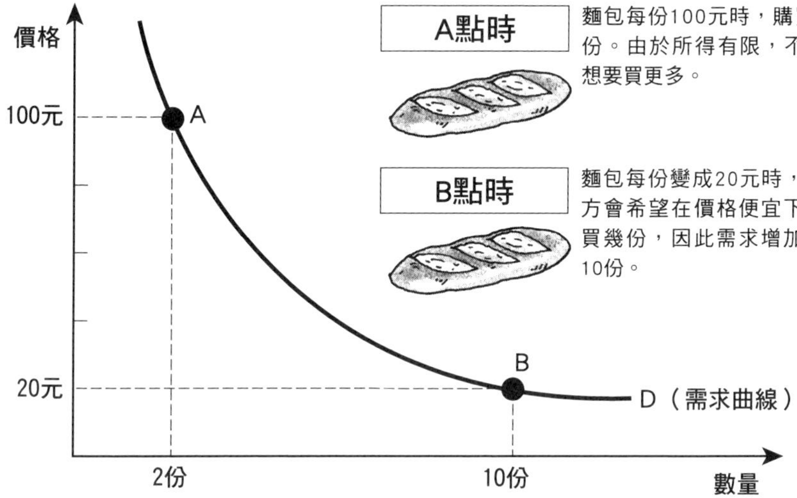

A點時

麵包每份100元時，購買2份。由於所得有限，不會想要買更多。

B點時

麵包每份變成20元時，買方會希望在價格便宜下多買幾份，因此需求增加為10份。

大拍賣時，會聚集很多人。
這是價格下跌、需求增加的一大活動

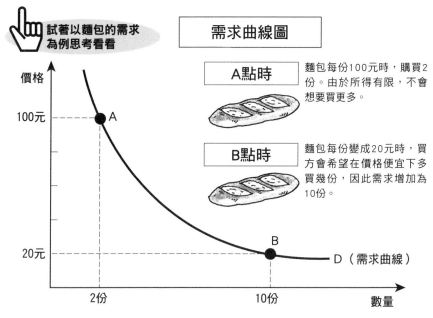

金錢寬裕與否和社會上的流行會改變需求

需求曲線可以用來呈現價格與需求量的關係（參見六十三頁）。它便於我們了解相對於價格，需求量會如何變化，但前提是「價格以外的所有條件都固定」。

在現實社會中，會有各種條件對需求造成影響。例如，所得增加後，原本每週買五罐啤酒的人，或許會變成買七罐。紅酒對健康很好的風潮形成後，即便價格略高，也會出現想要購買的意願。像這種價格以外的條件一旦變化、使整體需求增加後，需求曲線會往右上方向移動（參見左頁）。反之，所得大幅減少時，整體需求會減少，曲線會往左下方向移動。

需求曲線是了解經濟動向的基本指標。「因為變便宜了，多買一點吧」的想法，是在曲線上移動；「流行起來了，買下來吧」的想法，則是曲線本身的移動。二者雖然都是需求曲線，意義卻完全不同。若能好好區別二者間的不同，再一併了解後面出現的「供給曲線」，就能漸漸看出經濟機制的輪廓了。

尚有其他使需求改變的重要因素

具有「互補關係」的產品，需求一旦變化，其互補品的需求有時也會變化。例如，印表機與噴水是互補品，印表機暢銷，墨水也會暢銷。

此外，具有「替代關係」的產品，也會使需求變化。發泡酒比啤酒便宜，因此暢銷；但啤酒價格一旦下跌，彼此的需求就會產生變化吧。像這樣，造成需求曲線移動的原因，背後有著錯綜複雜的多種因果關係。

需求會因為各種因素而變化

繼續以麵包的需求為例思考看看

需求曲線圖

一旦價格以外的條件改變了，整體需求因而增大，曲線D就會朝右上方向移動。一旦整體需求減少，就會朝左下方移動。

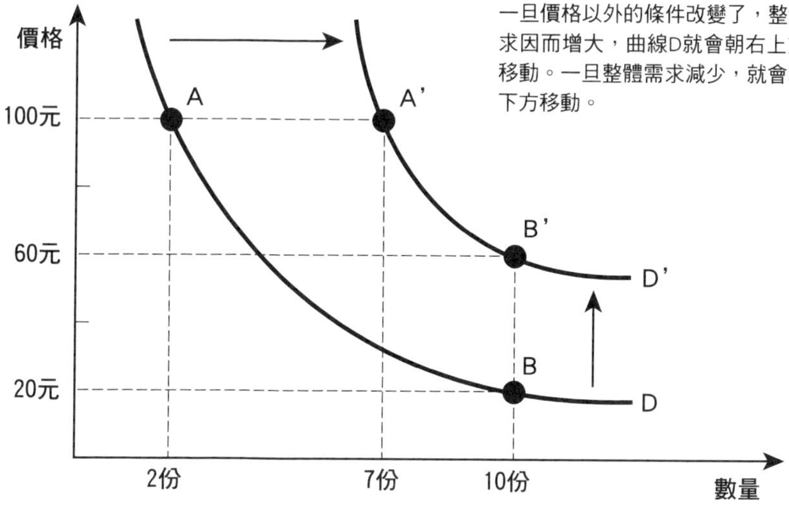

從A點移到A'點時	所得一旦增加，即使每份麵包仍是100元，仍可增加購買量。也就是整體需求增加了。
從B點移到B'點時	一旦由於健康風潮等因素得知麵包有益於健康，即使價格略高，仍會產生購買意願，使得整體需求因而擴大。

只要考慮價格彈性，就能上演「天天都便宜」的戲碼

商品的價格下跌，需求就增加。這件事固然可以透過親身體驗理解，但是「價格下跌多少時，需求會增加多少」這種程度的問題，就很難預測了。此時需要一種概念，叫做「**價格彈性**」（需求變化率／價格變化率）。

某麵包店以特價二四〇元銷售原本三〇〇元的吐司麵包（打八折，即降價二〇％），結果銷售量比原本好一倍（增加一〇〇％）。此時的價格彈性是100/20=5。也就是說，降價二〇％造成了五倍的效果。

接著，假設以八十元銷售原本賣一百元的夾心麵包，結果銷售量變成一・五倍。此時的價格彈性就變成二・五。二者相較下，可以說吐司麵包是價格彈性比夾心麵包要高的商品。

價格彈性是用於衡量顧客滿意度的一種粗略標準。價格彈性低的商品，即便降價，也不會造成銷售增加或顧客滿意。零售店可以藉由調降價格彈性高的商品，塑造自己成為「總是最便宜」的店家。

我們公司的產品「Watcher3」正在大降價銷售中
話題の初芝
持ち歩き ビデオ!!
ウオッチャー3
標準価格
158.000
めるへん価格
98.000

你聽好，島耕作，降價要找價格彈性高的商品。

彈性有三種類別

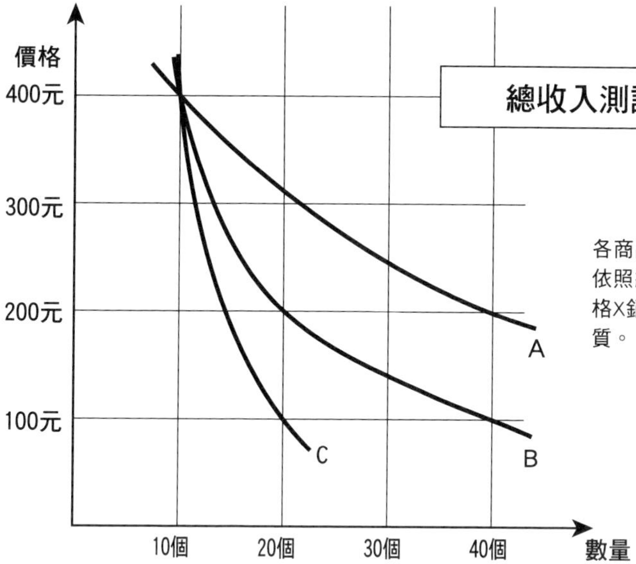

各商品的價格彈性，可以依照總收入測試（商品價格X銷售量）區分為3種性質。

A：需求彈性大於1	B：需求彈性等於1	C：需求彈性小於1
價格一下跌，需求就顯著增加，使總收入增加的商品。	無論價格上漲或下跌，總收入都沒有變化的商品。	即使價格下跌，需求也沒有增加，使得總收入減少的商品。

三大要素決定了需求彈性

需求彈性大大受到商品特性的左右。由於汽油「①無急迫性、購買量有限」，即使價格變動，需求的變化也很小。也就是說，可稱之為非彈性商品。此外，啤酒一旦變貴，發泡酒就會暢銷。也就是「②可替代商品」就會變得有彈性。此外，汽車等「③高價商品」，即使只有區區幾個百分比的價格變動，價差就很大了，因此會變得有彈性。

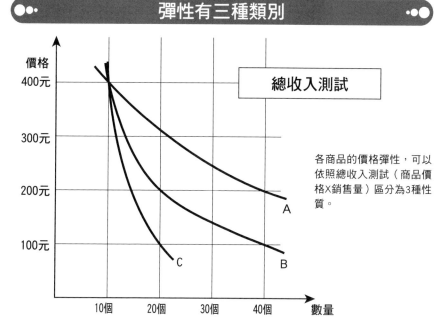

賣方希望以高價多銷售

因應「想吃吐司麵包」需求的，是生產吐司麵包、供應給市場的生產者。此時，生產者會希望盡可能高價銷售、多獲得一些利潤。這種想法，與希望盡可能以低價購買的消費者剛好相反。

把生產者的想法化為形體，就是**供給曲線**。它的圖與需求曲線相同，縱軸是財貨與勞務的價格，橫軸是財貨與勞務的供給量。例如，以二百四十元降價銷售原本賣三百元的人氣吐司時，固然可暫時暢銷，但多賣多少，利潤就比過去減少多少。這麼一來，為了不迫及利潤，就會想要減少產量。反正，如果假定「人氣商品的銷售狀況不會受到漲價影響」的話，廠商就會為追求利潤而增加產量。

把這種價格與供給量（生產量）的關係畫成圖，會向右上而去。也就是說，和需求曲線（參見六十三頁）是相反的方向。這張圖的條件與需求曲線相同，假設價格以外的因素完全不變。

有戰略可以賣得便宜又有利潤

生產者固然希望盡可能賣貴一點，但只要能多賣一些，即使每個的利潤很少，還是能夠確保利潤。這是一種稱為「薄利多銷」的銷售方式。為維持「薄利多銷」，業者會花各種心思讓自己即使便宜賣也能有利潤，像是「採連鎖店模式，使進貨一元化」、「轉型為製造零售業，減少中間費用」，或是讓零售業得以控制生產成本的「開發自有商品」等。

圖形往右上而去

一件商品賣多少的話，將可賣掉多少？若把供給者的想法畫成圖，會呈現朝右上而去的模樣。若以銷售T恤為例觀察供給曲線……

以T恤的供給為例思考看看

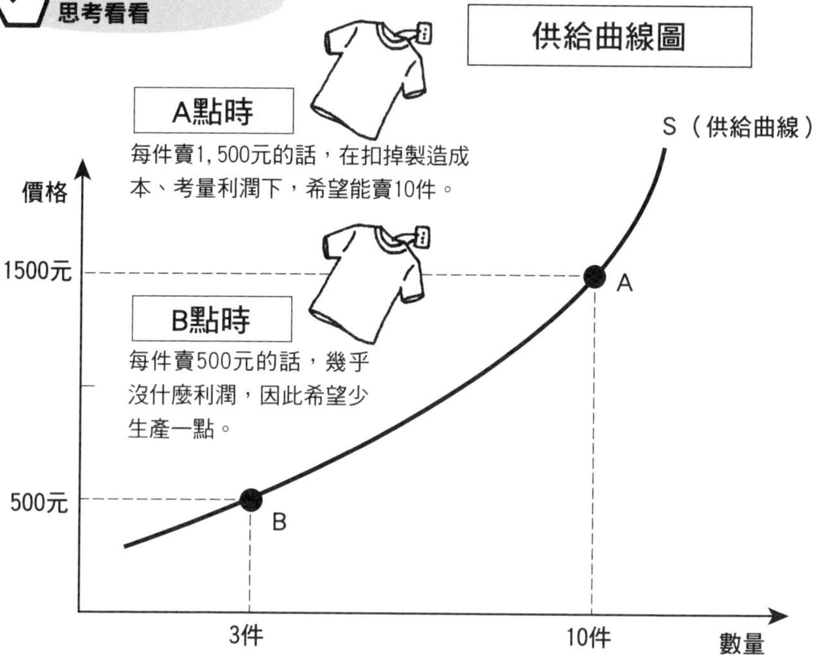
供給曲線圖
A點時
每件賣1, 500元的話，在扣掉製造成本、考量利潤下，希望能賣10件。
B點時
每件賣500元的話，幾乎沒什麼利潤，因此希望少生產一點。
S（供給曲線）
價格
1500元
500元
A
B
3件
10件
數量

像國寶等級那種供給量極少的產品，有時候會無法訂價。

這是國寶，我不賣！
能否請您勉為其難考慮看看……

原物料價格的高低與技術的進步會改變供給

在探討需求的變化時，所得的增加或是流行，是需求曲線左右移動的重要因素。供給也一樣，有時候供給量會在各種價格帶變化，供給曲線會左右移動（參見左頁）。重要因素很多，包括天然現象、技術革新、生產成本、其他競爭業者加入等等。

我們以家電製造商為例模擬看看。在生產某產品時，原本需要一萬種零件，但是在新設計下，變成只需要一半，五千種零件就行了。因此，生產工程將可因而簡單化，即使維持相同的工作量，也能增加供給量，使供給曲線往右方移動。

這樣的現象也會在生產成本變化時出現。一旦石油價格的上升等因素造成生產成本增加，供給曲線會往左方移動。勞動者的薪資上升，也會左方移動，無論任何價格帶，供給量都比以前減少。

在供給曲線上，價格上升時供給量會增加；供給曲線往右移動時，特定價格下供給量也會增加。能夠區辨出二者的不同，是很重要的。

人們的期待與預期會使供給改變

一旦消費者期待或預期產品款式即將改變，或是採用新技術的新產品即將發表，他們會延緩購買，一直到新產品發售為止。這麼一來，舊產品在市場上就會難以推動，生產者會減少供給，供給曲線就會向左移動。

此外，政府強化新法令規範時，像是導入汽車的新環保標準時，生產成本就會上升，此時供給曲線會往左移動。

供給會因為各種因素而變化

供給曲線與需求曲線相反，是往右上方而去。受到生產成本或薪資的上升，以及技術創新等各種因素的影響時，曲線會左右移動。

繼續以T恤的供給為例思考看看

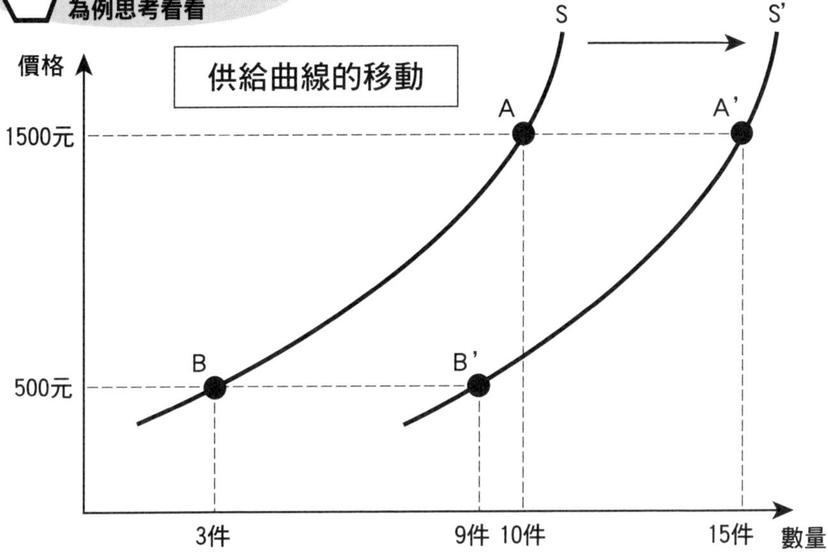
供給曲線的移動
價格
數量
1500元
500元
3件
9件
10件
15件
S
S'
A
A'
B
B'

從A點移到A'點

原物料價格一降，就能用相同成本生產更多產品。這樣，在相同價格下，就能銷售更多產品。

從B點移到B'點

技術或生產線重新調整後，同樣分量的原物料可以生產出更多產品。比如說原本售價500元下可供給3件，現在變成在同樣價格下可生產9件。

透過工廠設備與技術創新等等，供給有時會改變。

以數字表示物品的價格帶給供給的影響

我們在六十六頁說明了需求的價格彈性，也就是「價格下跌多少時，需求會增加多少」。在供給方面也可以運用這樣的概念（供給變化率／價格變化率），來呈現價格與供給量的變化比值。

例如，假設在汽油價格上漲十％時，供給量增加了二十％。此時的價格彈性是「二」（20%/10%）。另外，在豬肉價格下跌十％時，假設供量減少了三十％。此時的價格彈性是「三」。（30%/10%）。由此可知，石油的彈性較低，即便價格改變，對供給量也不會造成太大影響；相對的，豬肉的價格才下跌十％，供給量就會大減，可以說是價格彈性很高的商品。

供給曲線是往右上而去，但曲線有陡有緩，對於價格的敏感度各不相同。正確導出其差異的是**供給的價格彈性**。研究供給的價格彈性，將可預測市場的交易會有何種變化。

你應該也知道吧！價格協定是犯法的。

供給也分為三種彈性

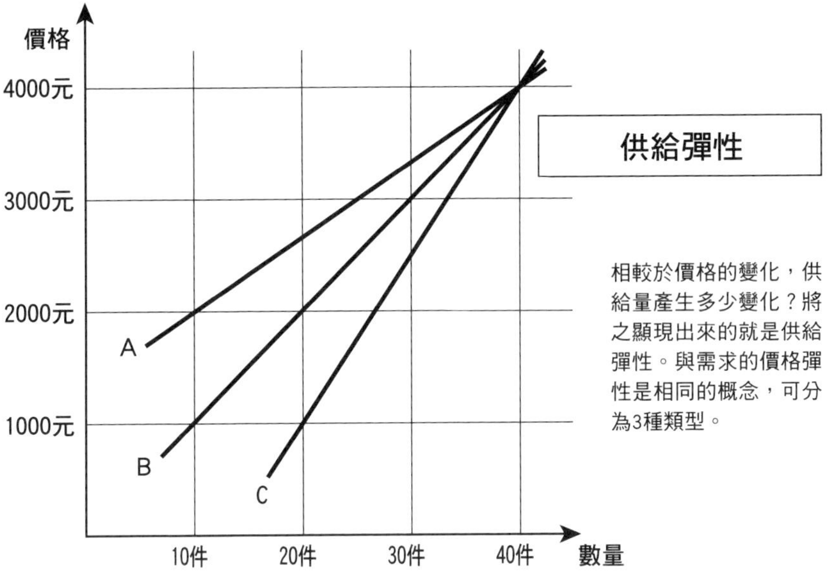

相較於價格的變化，供給量產生多少變化？將之顯現出來的就是供給彈性。與需求的價格彈性是相同的概念，可分為3種類型。

A：供給彈性大於1	B：供給彈性等於1	C：供給彈性小於1
會因為價格的變化而使供給量大幅變動的產品。農作物等等有很強的這類傾向。	供給與價格的變化成正比變動的產品。	價格再怎麼變，供給量都沒什麼變化的產品。石油等沒什麼替代品的產品，會出現這種現象。

同一種商品的彈性也會改變

請試著想像一家設備全面運轉的T恤工廠。該工廠為提高供給量，必須購買新機器，為此，T恤的價格大幅上漲。反之，閒置設備較多時，由於沒必要投資新設備，只要價格上升一點點，就能讓供給量增加。

和T恤這種商品的彈性大於或小於1無關，即使是同一種商品，由於設備的運轉狀況不同，彈性也會變化。

並非花愈多資金就能賺愈多

企業導入土地與生產設備、找來員工、購買原物料等，藉由組合各種生產要素（參見五十二頁），生產財貨與勞務。就短期而言，生產量與生產成本會因為這些要素的組合或投入量而大幅變動。

投入多少生產要素，會產生多少產出呢？為求更有效率地生產，經營者會想要知道答案。因應此一希望的，是一種稱為「**生產函數**」的概念。

使用生產函數的概念後，可以知道生產要素的投入與總生產，會歷經三個不同的階段。首先，一投入生產要素，一開始的生產會順利成長（第一階段＝報酬遞增），但成長率會漸漸變差（第二階段＝報酬遞減），接著，在某時點生產會轉為減少（第三階段＝損失發生）。

這顯示出即便無限投入生產要素，生產力也不會無限成長（變動比率法則）。

生產函數可以導出企業的生產技術與生產力的界線。

經濟學中的「邊際」是指？

經濟學中的「邊際」，並非「快要到達某一界線」那種一般性的意思。舉個例子，口渴時，即使一杯水也會覺得很美味。但再多喝第二杯、第三杯後，喝第一杯水所得到的幸福感就不見了。像這種每追加一單位所多得到的好處，就稱為「邊際效用」。

勞動力也是一樣，工作者兩、三個增加後，到達某個時點，生產力會下跌。這個數值稱為「邊際產值」。

從獲益到損失為止有3個階段

在短期內投入生產要素，會歷經3個階段的生產過程。在此試著以投入「勞動力」時的總產量成長為例說明。

工作者	1人	2人	3人	4人	5人	6人	7人	8人	9人
總產量	25	60	100	150	175	190	180	175	150
邊際產量	25	35	40	50	25	15	-10	-5	-25

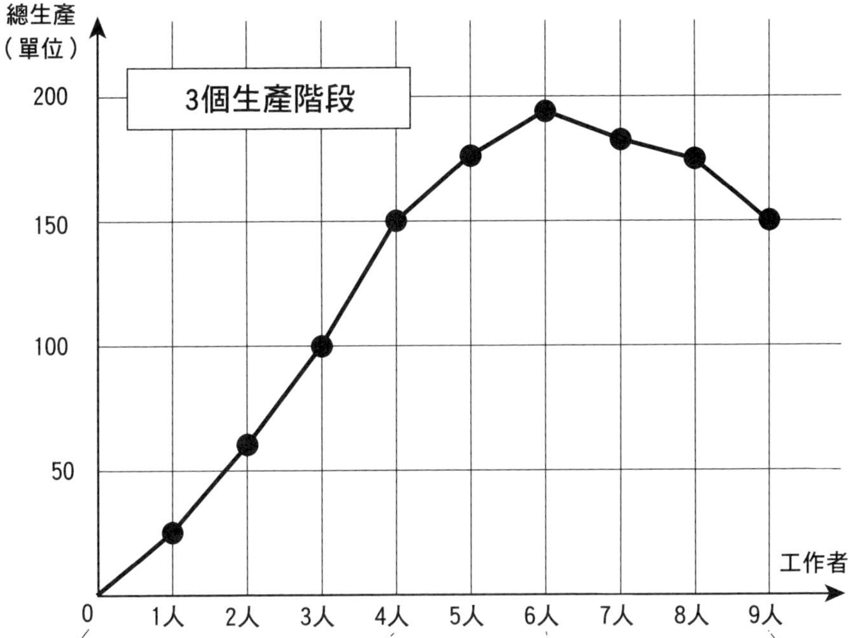

第1階段	第2階段	第3階段
報酬遞增階段	**報酬遞減階段**	**損失發生階段**
由於工作人數愈增加，愈能有效使用現有設備與工具，因此邊際產量增加，總產量也順利增加。	可用設備與工具的分配變得愈來愈無效率，產值開始減少，但總產量仍略微增加。	人員增加過多，變得無法順利生產，總產量開始減少。企業再增加雇用人員也是白費力氣。

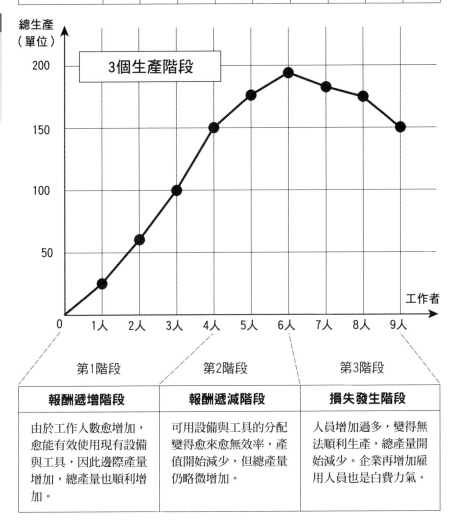

為獲取最大利潤，要觀察邊際成本與邊際收入

企業的活動是以賺取利潤為目的（利潤最大化行為）。所謂的利潤，就是藉由生產出來的財貨與勞務所獲得的收入，不能低於在生產要素上投入的成本（收入大於成本）。

因此，企業隨時都在思考，花費多少成本（生產成本）才能在何種時點獲得最多收入。**邊際成本**與**邊際收入**就是粗略的判斷標準。

所謂的邊際成本，就是每增加一單位的生產，所追加花費的成本。生產量一旦增加，總成本也會增加一單位的量，也就是增加「邊際成本」那麼多。

相對於此，所謂的邊際收入指的是市場價格。在大多產業中都不是由一家公司獨占市場，因此在自由競爭下，會有固定的價格。這個數值是一條水平的邊際收入線（參見左頁）。生產者能夠自由控制的，只有考量到邊際成本下的生產量而已。在這樣的條件下，企業若要求取利潤最大化，最後找到的會是投入生產要素的「邊際費用」與銷售成品的「邊際收入」相等的點。

洗衣機都是計算邊際費用、邊際成本後決定生產量的。
HATSUSHIBA

怎麼做才能求取最大利潤

在「邊際成本＝邊際收入」的時點，利潤將會最大。企業應該看清這個時點，投入適切的邊際成本、決定對市場的供給量。

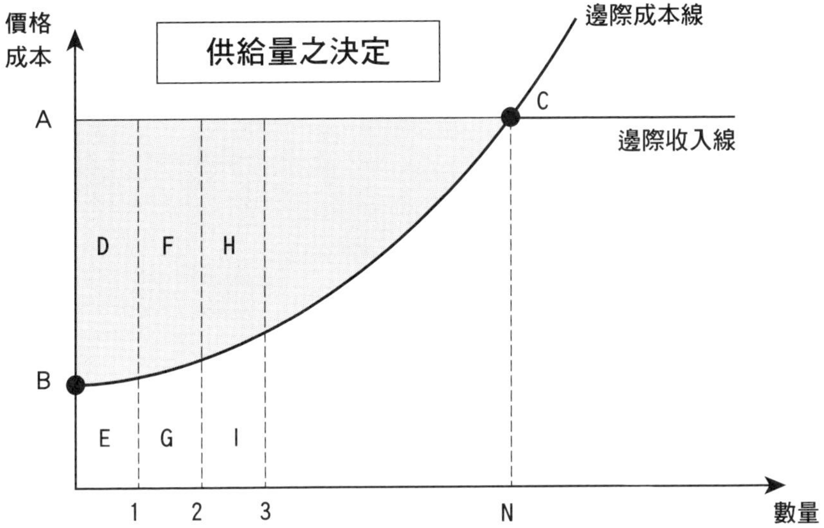

A點 生產物的銷售價格

在競爭原理適用的市場中，邊際收入就是市場價格（銷售價格）。其值為固定，在圖中為一直線。

B點 固定成本

即使工廠不運轉（無人工作時），還是必須花費用於維持設備等等的固定費用。

一旦賣掉1單位的生產物……

以價格A銷售產品後，再扣掉「邊際費用E」，D的部分就是利潤。

一旦賣掉2單位的生產物……

以價格A銷售2單位後，可以獲得（D+E+F+G），但成本是「E+G」，因此利潤就是「D+F」。

C點 利潤最大點

賣掉N個商品、邊際成本＝邊際收入時，斜線部分就是最大利潤。再生產下去的話，邊際成本會大於邊際收入，變成負值。

要讓利潤最大就要生產到
邊際成本＝邊際收入
為止

藉由價格調整機能決定物品價格

賣方希望盡可能以高價銷售（供給），以獲得利潤；買方希望盡可能以低價購買（需求）。在二者彼此找尋妥協點、彼此取得共識的過程中，買賣行情會變化。

在此，請回想一下本書六十三、六十九頁介紹過的「需求曲線」與「供給曲線」。二者顯示出需求者與供給者的合理心情，也就是「多少錢的話，想買多少」以及「多少錢的話，想賣多少」。事實上，兩種想法相交的那一點，就是雙方都能接受的行情價（妥協點）。

然而，買方沒有價格決定權，只能看賣方所決定的價格來購買。不過，如同需求曲線所顯示的，買方那種「多少錢的話，我想買多少」的意志，會發揮作用。市場並非由賣方所獨占，如果定價時無視於買方的心情，也只會賣不掉而已。因此，必須尋求買方願意購買的價格帶，尋求彼此的妥協點、決定價格。市場就擁有像這樣的**價格調整功能**。

中國的人工便宜，因而能夠壓低價格

如果品質相同，買方會選較便宜的。不過，由於生產品的價格與企業要追求的利潤有關，降價也有其限度。因此，只要能壓低投入於生產要素的成本，即使產品價格比競爭對手低，依然能夠有利潤。

在生產要素中，成本刪減效果最大的，是人工成本。日本、美國、歐洲的許多製造商，之所以在中國設置工廠，就是因為能夠壓低人工成本。

市場會調整價格

財貨・勞務的價格是尋找賣方與買方的妥協點，再交會於均衡價格處。以微波爐的銷售模擬看看。

以微波爐市場為例思考

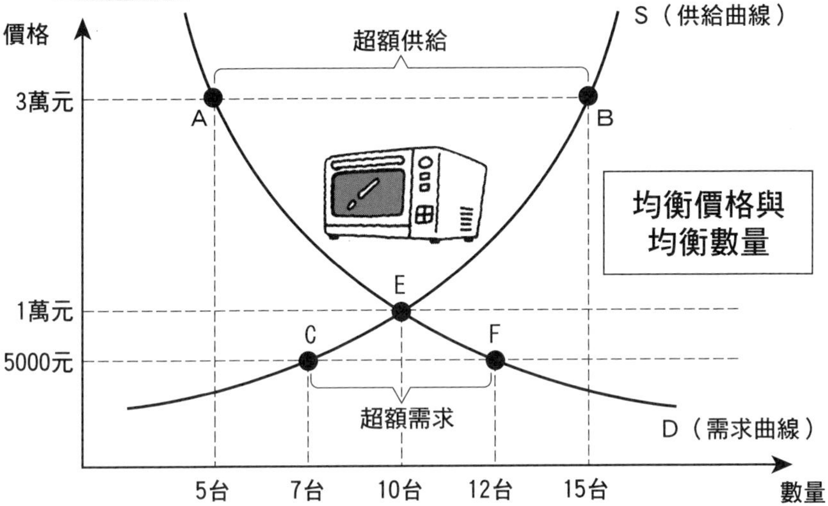
價格
S（供給曲線）
超額供給
3萬元
A
B
均衡價格與
均衡數量
E
1萬元
C
F
5000元
超額需求
D（需求曲線）
5台
7台
10台
12台
15台
數量

市價3萬元時

賣方供應15台（B點），市場需求只有5台（A點）。這樣的話，會有10台滯銷（庫存）。賣方要檢討調降微波爐售價。

滯銷！

市價5千元時

賣方供應7台（C點），市場需求卻是12台（F點）。這樣的話，會有5台的超額需求。賣方要檢討調漲微波爐售價。

賣光！

市價1萬元時

賣3萬元或5千元，都會讓買賣雙方的想法有落差。最後，會到達需求與供給取得平衡的E點。該點稱為均衡點或均衡價格。

±0！

剛剛好！

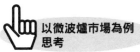

在非競爭市場中，價格調整機能不會發揮作用

市場固然具有撮合賣方與買方的功能，但市場依照結構性特徵的不同，可以區分為四類。

第一類是**完全競爭**市場。它是一種生產者為數眾多的狀態，商品的價格依照市場的供需決定（均衡價格）。由於無法自行自由調整價格，稱之為「價格接受者」（price taker）的市場。

第二類是**獨占競爭**市場，其生產者沒有完全競爭那麼多，但生產的產品存在著差異，競爭依然激烈。電腦製造商等就屬這種例子。

第三類是生產者數目比獨占競爭還有限的**寡占**市場。汽車製造商就是例子，他們的競爭對象雖然少，但為了防止其他公司的銷售戰略獨領風騷，舉凡新車的發表時間、車子的種類（款式）或價格，大致上都一致。最近，業界的重整活動變得活潑起來，在各業界出現了購併（參見一二八頁），市場朝寡占化發展。

第四類是沒有競爭企業的**獨占**市場。電力公司或瓦斯公司在同一地域都只有一家。公共性高的企業多半都屬獨占類型。

有時會出現卡特爾等違法協定

在寡占市場中，有時候價格與生產量是由企業彼此間商議決定的，可以避免競爭、確保利潤。簽定這樣的協定，稱為「卡特爾」（cartel）。當然，這侵害了自由競爭下買方的利益，在全球原則上是禁止的。

在日本，根據「獨占禁止法」，對此亦採原則禁止主義。不過，也有一些公平交易委員會可以容許的例子，像是「不景氣卡特爾」、「合理化卡特爾」等。

競爭讓市場原理得以運作

完全競爭市場在現實生活中幾乎不存在，卻是讓我們了解「價格接受者」概念的重要市場。

另外也有條件與完全競爭市場相同、具有競爭性市場結構的獨占競爭市場。差別在於所交易的財貨並不同質。

寡占市場中，為防止單一業者一枝獨秀，具有很容易陷入價格競爭的特性。汽車產業就是一例。
NISSAN
NISSAN
TOTAL
TOTAL

由於在獨占市場中競爭原理無法發揮作用，買方享受不到競爭的好處。不過也有這樣的例子：日本電電公社（譯按：日本電信局）民營化為NTT公司後，第二電電又加入市場，促使通信費用下跌。

ルルルル

活用「囚犯困境」理論

企業為求在市場競爭中致勝，會希望能夠既確保利潤、又盡可能多賣一些產品。然而，一旦存在著提供同質財貨或勞務的競爭業者，就必須慎重決定財貨與勞務的價格。企業為探知競爭業者的動向，會一面臨機應變（訂定戰略），一面摸索提高利潤的方法。

會採取臨機應變的做法是寡占市場的特徵。如果是完全競爭，各企業所占市場比率很低，財貨與勞務的價格會在亞當・斯密所謂的「一隻看不見的手」操控下自然調和，沒有必要在意競爭業者的動向。如果是獨占，也和什麼競爭業者的動向無關。

相對於自己公司決定的價格，競爭業者會如何反應？對方所採取的何種反應，會對自己公司最有利？在經濟學中，以數學角度來觀察這種心理戰，稱為「賽局理論」（囚犯困境）。以賽局理論分析企業間你來我往的臨機應變後，得到的是如左頁表格中的四種答案。要想在自由競爭下求取最大利潤，最後出現的答案令人意外。

這就是之所以禁止卡特爾的理由

以賽局理論推導競爭企業如何決定價格，會發現最後的結果是消費者能夠以最低價格購買。不過這有個前提，就是企業都處於資訊隔離的狀態，「無法事前商量決定價格」。

如果企業之間彼此協調（卡特爾），把價格訂在對雙方有利的高價位，將會造成消費者的損失。「獨占禁止法」禁止的就是這種事。

藉由囚犯困境了解賽局理論

以較易懂的方式把賽局理論表現出來的，是囚犯困境。在隔離狀態下偵訊共犯，在某種附帶條件下提供對方司法交易，藉以證明犯罪。

		囚犯B的選項	
		緘默	招供
囚犯A的選項	緘默	A：2年徒刑 B：2年徒刑	A：10年徒刑 B：無罪釋放
	招供	A：無罪釋放 B：10年徒刑	A：5年徒刑 B：5年徒刑

兩名犯罪者所捲入的狀況

有兩名在無法證明為共犯下，因為某項罪名各自在服2年徒刑的囚犯。現在要在兩人無法聯繫的狀態下分別偵訊他們。
此時，告知對方「只要招出共犯，對方10年徒刑，你無罪釋放」。
然後再加上一句「不過，如果雙方都招出共犯，就是5年徒刑」。此時的利害得失，如左表所示。

囚犯會採取何種行動？

如果預期對方會保持緘默，自己只要招供就能獲釋，自己也緘默的話就2年徒刑。
如果預期對方會招供，自己保持緘默，就10年徒刑，招供的話就5年徒刑。
也就是說，無論對方是緘默還是招供，對囚犯而言，招供會是最好的選擇。

其結果是……

在考量到最大利益下，兩名囚犯都會招供，5年徒刑確定。真正的利益固然在於雙方都保持緘默、以2年徒刑收場，但由於隔離開來無法商量，就會變成這種結果。
明明有最好的答案，卻無法得到，因此稱之為「困境」

也可以應用到企業戰略上

彼此具有競爭關係的企業，互搶顧客。戰略有兩種，看是要降價提高市占率，還是要漲價以確保利潤為優先。與「囚犯困境」一樣，有4種選擇（如右表所示）。
最好的選擇固然是雙方都漲價，但由於獨占禁止法的限制，無法事前商量調整價格，因此會變成雙方都降價。

		企業B的選項	
		高價	低價
企業A的選項	高價	A：5億元利潤 B：5億元利潤	A：零元利潤 B：10億元利潤
	低價	A：10億元利潤 B：零元利潤	A：2億元利潤 B：2億元利潤

買賣雙方的資訊落差會引發問題

假設有一位A小姐正打算購買寶石。買方沒有寶石的資訊，即使看到現貨，也無法判斷它的品質好不好。相對於此，賣方擁有商品的各種資訊，也知道寶石的品質好不好。

如果該商品的品質很好，賣方不會便宜出售，而會訂很高的價格吧？而且，賣方也可能把有缺乏的劣質商品訂高價出售。買方固然希望藉由寶石所附的鑑定書或價格來判斷商品的好壞，但鑑定書是否正式也無從得知，商品昂貴，品質也未必就好。

賣方若以高價賣出自己便宜買進的劣質商品，就能輕鬆賺錢。這會導致一種結果：市場上的優質商品變少、淨是劣質商品。買方為了提防買到劣質商品，也會變得不輕易購買。像這種市面上充斥劣質商品、交易也變得難以成立的問題，稱為「**逆選擇**」（adverse selection）。

廣告是消解資訊落差的訊號

買方有一種心理：即便沒有商品的正確資訊，但是如果是大家都知道的東西，就會覺得可以相信、可以安心。廣告就是利用這種心理。也由於廣告可以支持買方的「信任、安心」，價值很高，因此製作費也很貴。

也就是說，這也證明了對於耗費高額製作費做出廣告的商品，賣方也擁有絕對的自信。廣告就是這種訊號，能夠消除缺乏商品資訊的不安。

沒有資訊，就買不到優質商品

假設握有資訊優勢的賣方利用買方的無知，要把劣質的汽車賣給對方。我們以美國的二手車市場為例探討看看。

買方

二手車即使外觀相同，但因為車史的不同，價值也會大不相同。買方並不知道汽車的資訊（車史）。

賣方

由於在買進二手車時會鑑價，因此握有許多關於該車的詳細資訊。

買方無法掌握資訊

賣方可以掌握資訊

資訊

買方不知道車子的品質，賣方知道車子的品質。雙方產生了資訊落差

買方這邊……

由於缺乏商品資訊，打算從價格判斷商品品質。

逆選擇的發生

做出「價格昂貴，所以品質好」的判斷而買入。事實上，卻是做出了相反的選擇。

賣方這邊……

把劣質二手車訂高價，裝成是因為高品質才昂貴的樣子。

看起來像是愛馬仕（Hermes），其實完全是假貨。
這隻鴨子的嘴巴是朝下的，但真品是筆直的……

品牌市場中，也出現大量假貨，買方實在很難辨別真偽。

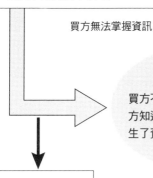

羅伯特・伍德魯夫

美國
1889-1985

吊車尾的青年推動可口可樂成為全球品牌

學生時代的羅伯特・伍德魯夫（Robert Woodruff），可以說完全沒有特別值得一提之處。他是個適用「吊車尾」一詞形容的青年，像是在高中成績不及格，在軍校又得到很糟糕的成績等。

他的才能，是在他十九歲開始工作後，才嶄露頭角的。歷經多項職位後，他成為White Motor公司的副社長，年薪七萬五千美元。

伍德魯夫於三十三歲時，就任為可口可樂公司的社長。

把可口可樂變成全球最知名飲料的，就是曾為劣等生的這號人物。

細膩的廣告戰略導致成功

不把「Coca-Cola」的商標分成兩行，而且要盡可能印在瓶蓋右側——這是伍德魯夫在宣傳時設下的規則。除此之外還有三十三項規則。由此可知他對於宣傳相當敏感。

某個吸塵器製造商的廣告上寫著「髒污的地毯很危險」。這是一種在當時的美國用於煽動消費者恐懼心理的宣傳方式。伍德魯夫則在可口可樂的宣傳上使用正面字句，像是「舒爽」、「瞬間暢快」等等。此舉相當成功，使得可口可樂到今天也還受到許多人歡迎。

第4章

國家的經濟力表現在GDP上

——總體經濟學的基礎

GDP是得知一國經濟規模的指標。
政府為提高GDP，會採取各種政策。
GDP與政府所推政策之間的關聯是……

順便問你，日本的GDP大概多少呢？
人均GDP一年是三萬五千美元

經濟的衡量尺度由GNP轉變為GDP

GDP（國內生產毛額）是用於表示一國經濟狀況的指標。它是把「一個國家在一定期間內產生了多少財富」的概念化作數值。

這樣的想法最早出現在亞當・斯密的《國富論》一書中。在那之前的財富，指的是金子或銀子等財富本身，農產品等不過是純粹的生產物而已。亞當・斯密認為，生產生活必需品等的「每年勞動」才是國家財富的泉源；他視之為經濟的基礎原理，希望以數字表現出代表國力的一國經濟狀況。

到一九八〇年代為止，都是以GNP（國民生產毛額）做為顯示一國經濟狀況的概念。但最近由於以多國籍企業為首的諸多企業都在海外當地生產，GNP已漸漸不適於表現該國的生產規模。

因此，一九九〇年代開始，大家開始改用GDP這種指標，扣除掉來自海外分公司的生產額。自此，GDP就成為全球用於顯示一國經濟狀況的指標了。

流量是河水的流動，存量是水庫的貯水

在思考GDP時，「流量」與「存量」兩種概念相當重要。所謂的流量就是GDP，指的是特定期間內所產生的財富，就像是經常在流動著的河川。存量則是某一時點下財富的餘額，就像是水庫的貯水量，與河水的流動相對。

為求經濟發展，流量固然重要，但今後可說是必須注重存量的時代。

GDP與GNP的不同

GNP（Gross National Product）正如其名，是一種著重於「人」的指標；GDP（Gross Domestic Product）則是注重「地域」的指標。

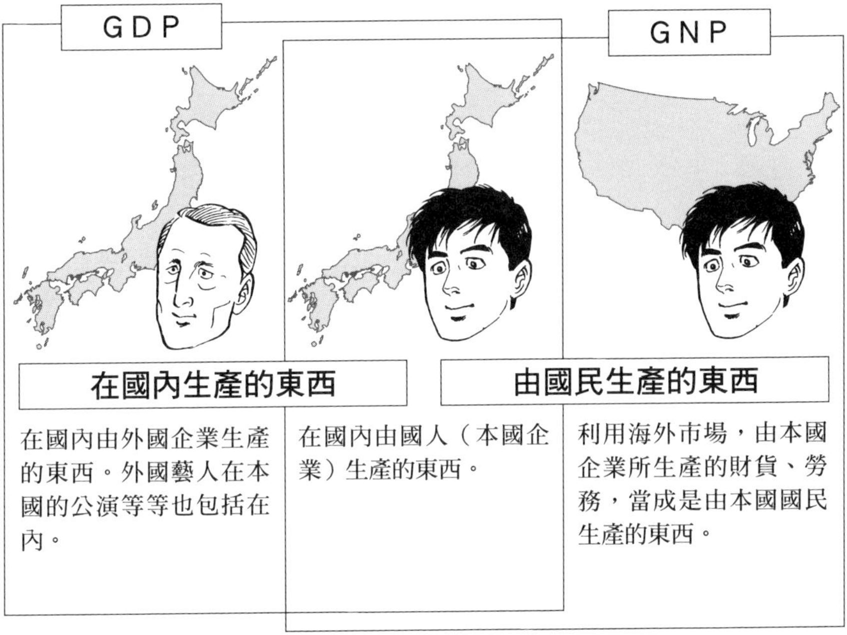
GDP
GNP
在國內生產的東西
由國民生產的東西
在國內由外國企業生產的東西。外國藝人在本國的公演等等也包括在內。
在國內由國人（本國企業）生產的東西。
利用海外市場，由本國企業所生產的財貨、勞務，當成是由本國國民生產的東西。

全球GDP排名

中國與印度進入前10名後，亞洲各國更加受到矚目。下表將貨幣單位統一換成美元，以利比較。

第1名	美國	約12兆4872億美元	第6名	法國	約2兆1266億美元
第2名	日本	約4兆5544億美元	第7名	義大利	約1兆7624億美元
第3名	德國	約2兆7949億美元	第8名	加拿大	約1兆1295億美元
第4名	中國	約2兆2784億美元	第9名	西班牙	約1兆1242億美元
第5名	英國	約2兆2296億美元	第10名	印度	約8002億美元

（資料來源：總務省統計局《世界的統計2007》） 單位：美元

GDP是新產生的附加價值之合計

GDP是根據一種稱為國民經濟會計制度（System of National Accounts，SNA）的統計方式計算出來的。計算時的基礎是附加價值。

我們試著以某麵包店為例模擬其附加價值。每賣掉一個定價一百元的麵包，就有一百元的營收，但如果直接把麵包店的營收計入GDP，就會產生問題。一百元的麵包中也包括原料費，而原料是與麵包店往來的業者產生出來的價值，這樣子計算的話，利潤會多計算一次。

假設一百元的麵包花費了三十元的原料費，一百元減三十元等於七十元。這是麵包店真正的利潤，由該店獨自產生的七十元價值，稱為附加價值。當然，其他產業也要計算出此一附加價值，再予以加總起來，就成為GDP。

有一點要請各位想一想，每個麵包的價格，原料費愈便宜，價格就愈低，附加價值就愈小。

這樣各位應該可以知道，GDP固然是一國經濟成長的指標，卻未必是用於顯示該國富裕程度的指標。

從人均GDP可看出不同層面

假設有兩個國家都有100億日圓的生產毛額，但一萬人的國民與一千人的國民，二者的人均GDP就有十倍之差。

像這樣計算人均GDP後，第1名是盧森堡，第2名是挪威，第3名是冰島，第4名是瑞士，與本書第89頁處的全球GDP排名大相逕庭。日本的人均GDP則是全球第13名。

（資料來源：總務省統計局《世界的統計2007》）

附加價值就是在生產活動中新生產出來的東西

有戶農家以每個100元的價格批售蘋果，在扣除農藥與肥料等40元原料費後，其中產生的附加價值就是60元。

注意！ 如果把三者各自的銷售額100元、120元、150元直接相加，進貨成本與原料費會計算兩次。

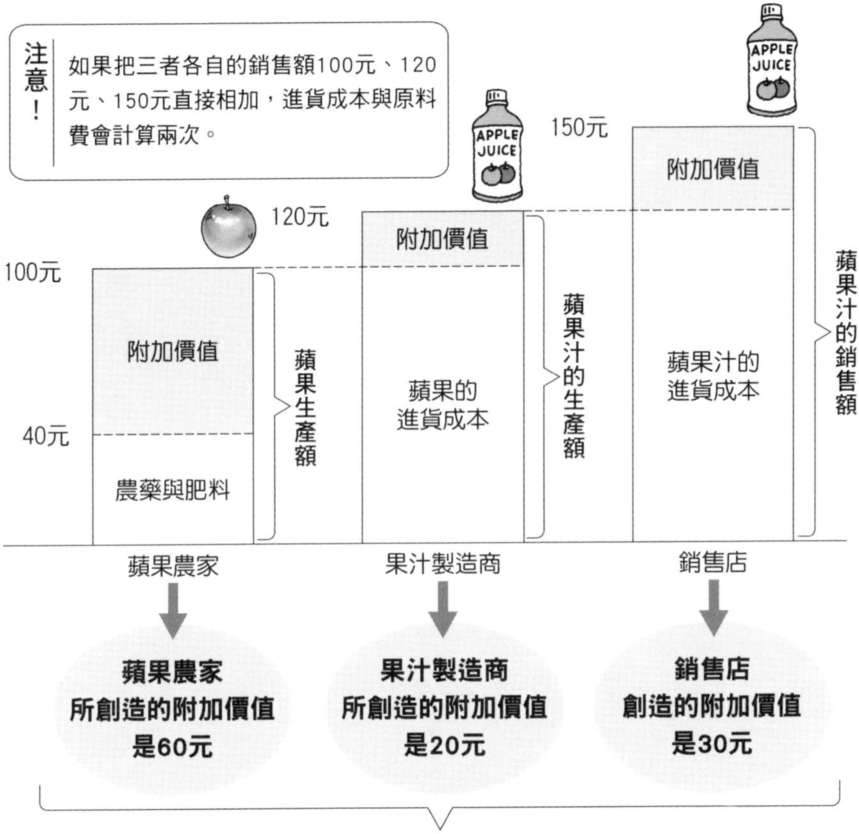
APPLE JUICE
APPLE JUICE
150元
120元
100元
40元
附加價值
農藥與肥料
蘋果生產額
附加價值
蘋果的進貨成本
蘋果汁的生產額
附加價值
蘋果汁的進貨成本
蘋果汁的銷售額
蘋果農家
果汁製造商
銷售店
蘋果農家所創造的附加價值是60元
果汁製造商所創造的附加價值是20元
銷售店創造的附加價值是30元

110元的附加價值總計 ＝GDP

超一流的料理人所創造的附加價值，究竟會是多少呢？

生產、支出、所得，以三者的總計顯示GDP

從生產者的角度來看GDP，企業投入資本、勞力、土地等生產要素，生產出財貨與勞務。從所獲得的營收中扣除原料費用後，就是附加價值，加總起來就成為GDP。

從購買財貨與勞務的角度來看GDP，一般消費者（消費支出）出錢購買家電產品；企業（投資支出）出資購買汽車零件與小麥等生產要素；政府出資購買公司橋樑與建築、道路等（政府支出）。這些全部加總起來，也是GDP。

再從企業所得到的附加價值變動來看GDP。企業為取得生產要素，會支付對價。租用土地得付地租；向銀行貸款得付利息；然後要支付薪資給勞動者。這些全部都是從附加價值中提供，成為收受端的所得。

也就是說，生產出來的東西會有人消費（支出），消費則會以對價之姿成為所得。以上可知，「生產」、「支出」與「所得」三者個別的總計，都可以代表GDP，三者之間有等價的關係。這稱之為GDP的「**三面等價**」。

商品賣不掉的時候該怎麼辦？

製造商所生產出來的電腦，不可能全部都賣光。他們為此支付成本，但賣剩的部分卻無法成為收入。這樣的話，「生產」等於「所得」的關係就會崩解，三面等價的原則也會不成立了。

因此，經濟學中會把賣剩的部分計為「庫存投資」。GDP中，會把「庫存」也當成有需求存在，計算進去。

三個層面各自的總計全都相等

GDP有生產、支出、所得三個面向，三者彼此處於對等關係。從其中任何一個面向都能算出GDP。

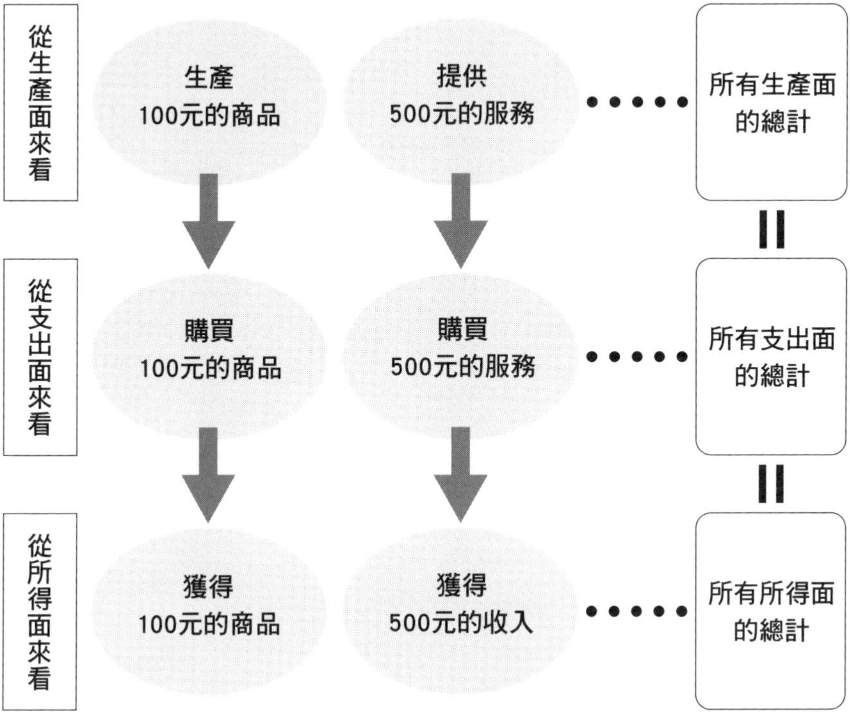
從生產面來看
生產 100元的商品
提供 500元的服務
所有生產面的總計
從支出面來看
購買 100元的商品
購買 500元的服務
所有支出面的總計
從所得面來看
獲得 100元的商品
獲得 500元的收入
所有所得面的總計

有三種方式可以算出GDP，不過要把球打到旗桿旁，則有無限種方式。

為何景氣會一下變好，一下變差呢？

只要GDP成長，景氣就會變好；反之，GDP減少，景氣就會變差。

無論任何時代，景氣都是交替在好與壞之間反覆循環。

總體經濟學的三大要素

掌握景氣關鍵的是「政府」、「企業」、「家庭」三大經濟主體。抑制或增加支出，將會觸動景氣循環。

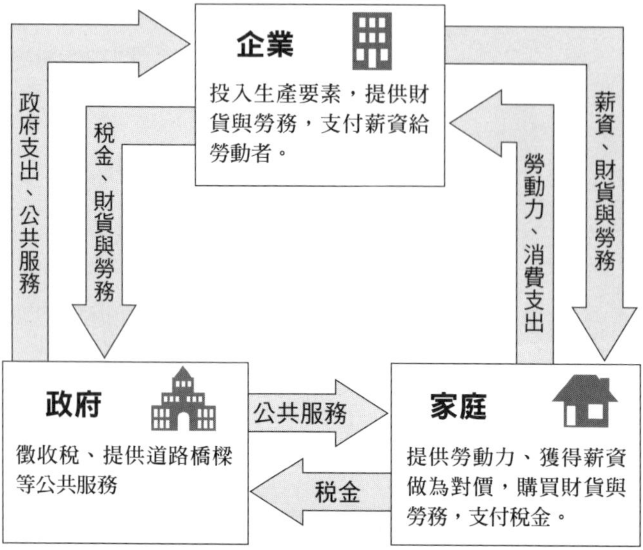
企業
投入生產要素，提供財貨與勞務，支付薪資給勞動者。
政府支出、公共服務
稅金、財貨與勞務
薪資、財貨與勞務
勞動力、消費支出
政府
徵收稅、提供道路橋樑等公共服務
公共服務
稅金
家庭
提供勞動力、獲得薪資做為對價，購買財貨與勞務，支付稅金。

景氣循環的週期有四種

景氣循環（好景氣→衰退→不景氣→復甦→好景氣）有四種型態，也有一定的週期。

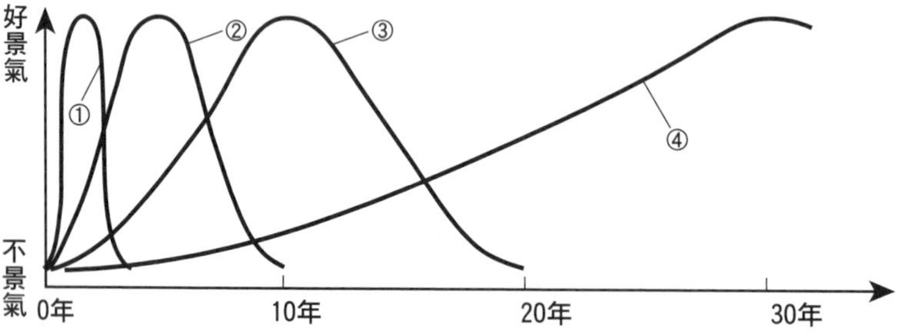
好景氣
不景氣
①
②
③
④
0年
10年
20年
30年

①因為庫存投資的變化而發生的基欽循環（Kitchin Cycle，約3年）
②因為設備投資的變化而發生的朱格拉循環（Juglar Cycle，約10年）
③因為建設循環的變化而發生的庫茲涅茨循環（Kuznets Cycle，約20年）
④因為技術革新的變化而發生的康德拉季耶夫循環（Kondratieff Cycle，約60年）

需求與供給的不一致造成景氣變動

需求與供給的不一致是景氣變動的一大重要因素。景氣變動必然會發生，但要預測波段的大小與期間長短，是很困難的。

需求＞供給		需求＜供給
由於需求眾多，即使漲價也能賣出，利潤因而增加。	**企業**	需求太少，供給變得過剩，一旦不降價，財貨與勞務就賣不掉，利潤減少。
企業一旦利潤增加，就會提高薪資；消費也會因而增加，使需求更加增加。	**家庭**	企業的利潤減少，薪資也減少。由於抑制消費，需求會變得更冷。
企業與家計收入增加後，稅收也會增加，用於社會資本與與公共服務。	**政府**	企業與家庭收入一旦減少，徵得的稅金也會減少，使社會資本與公共服務停滯。

三大經濟主體構成了GDP

如果GDP成長率是好景氣的指標，那麼如何提振景氣，就牽涉到如何提振GDP。在三面等價的原則下，總供給＝總需求的方程式會成立。

「總生產＝總支出」的關係式

$$Y=C+I+G+EX-IM$$

Y=國內生產毛額
C=消費（Consume）
I＝投資（Investment）
G=政府支出（Government）
EX=出口（Export）
IM=進口（Import）

Y指的是GDP。而國內生產毛額就等於家庭消費C、企業等單位的投資I、政府的消費G，以及在國內生產，在國外消費的出口品EX的總和。另外由於在國內消費的進口品並非在國內生產，因此要列為減項。

要想提升Y（GDP），就必須增加C、I、G或EX的任一項。

捨不捨得花錢左右了景氣

左右景氣的是GDP的成長率。如九十五頁所述，GDP會成立一個「總生產＝總支出」的關係式。要想提高成長率，只要提升任一項支出項目即可。在支出項目中，比率最高的項目是占全體約六成的「C」，也就是**消費**。消費活動的擴大、縮小，大幅左右了景氣。

所謂的消費，固然是指我們的生活中所必要的支出，但是其金額已約略固定，不會有劇烈擴大的情形。不過，假設我們有十萬元臨時收入，會如何呢？或許我們會把兩萬元存下來，把另外八萬元拿來購買原本就想買的耐久財。

這個例子說明了在收入增加下，心裡覺得手頭寬裕，而變得捨得花錢的現象。相對的，一旦對未來感到不安，儲蓄的比率就會增加，不會拿來消費。景氣的去向會受到消費者心理（消費者思維）的左右。

在經濟學中，增加的收入有多少會用於儲蓄、有多少會用於消費的比率，稱為「**邊際消費傾向**」，是一種用於確認景氣動向的指標。

「節儉的矛盾」會招致嚴重不景氣

消費意願一旦未受刺激，消費會自然減速，邊際消費傾向會變小，儲蓄會增加。企業若能透過借款，把匯集到銀行的錢拿來投資也就算了，但顧慮到消費的減速，企業也會節制投資。這麼一來，企業的生產減少、勞動者的所得也減少，消費會更加萎縮，儲蓄也會減少。

這樣的惡性循環稱為「節儉的矛盾」（Paradox of Thrift），是一種不景氣時經常可見的現象。

「總生產＝總支出」的關係式 Y=C+I+G+EX-IM

薪資分為消費與儲蓄兩項用途

勞動力所獲得的薪資（所得），可分類為消費與儲蓄兩大用途。收入較平常增加時，用於消費的比率，稱為「邊際消費傾向」。

邊際消費傾向

例如，有10,000元的臨時收入時，會有多少用於消費呢？以其比例探究消費行為，藉以觀察景氣的去向。

多獲得10,000元收入時……
花6,000元消費、4,000元儲蓄
10,000X0.6=6,000元
A先生的邊際消費傾向是60%

多獲得10,000元收入時……
花8,000元消費、2,000元儲蓄
10,000X0.8=8,000元
A先生的邊際消費傾向是80%

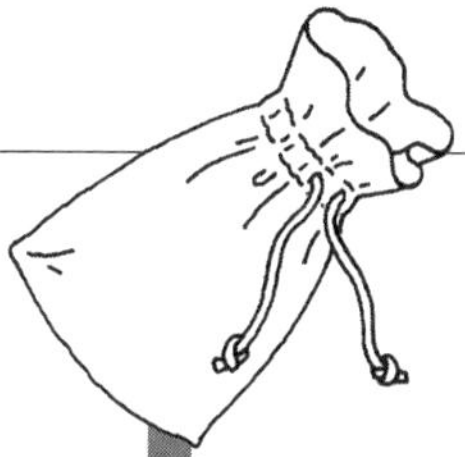

我們有時候也會因為季節或天候等因素而變得更捨得花錢

會受到天候等因素的左右

在冷夏的年份，啤酒的消費量與空調的銷售台數會減少。一下雨，戶外休閒與運動競賽就會中止，消費也會減少。消費意願依心情而定，是極難預測的東西。

酷暑時，啤酒很暢銷。
發獎金的時期更是如此。

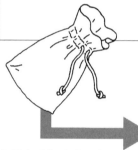

貸款進行的投資，只要利息一高就會減少

在GDP之中，僅次於消費，占有第二高比率的是**投資**。所謂的投資，是指企業在執行新計畫（用於生產的機械設備或增蓋建築物等）時所需要的支出。它相當於九十五頁處介紹的「I」部分。以消費動向來說，個別的影響要很久時間才會波及整體；但以投資來說，由於每件的規模都很大，即使件數不多也會左右GDP的金額。

在投資時，企業大多都會向金融機構融資。此時的判斷素材是利息水準的高低。

要投資的時候，會先比較利息水準與企業的計畫（產品的開發、製造、銷售等）在執行時所預估的利潤，只要判斷利潤大於利息，就予以執行。

利息具有控制投資活動的力量，對經濟大有影響。利率的調升與調降務必要慎重。在日本是由日本銀行（中央銀行）做出判斷，一面觀察經濟動向與物價上漲率（預期通膨率），一面控制利率。

經營者的期待會讓投資增加

利率水準與投資固然有密切關係，但利率水準的變動很難精確預測，投資也未必就能獲得利潤。最後，是由經營者來做出判斷。

經營者在衡量利率水準、決定是否投資時的動機之一，來自於對未來的期待。如果未來展望樂觀，他會做出「說什麼都應該投資」的判斷；反之，若未來展望悲觀，即使利率水準很低，他也可能會怯於投資，變得慎重其事。

「總生產＝總支出」的關係式 Y=C+I+G+EX-IM

利率一旦下降，GDP會增加

在GDP中，占比率第二大的是投資（I）一旦增加，一旦利率水準很低，投資會增加，也會大大影響到GDP的增加。

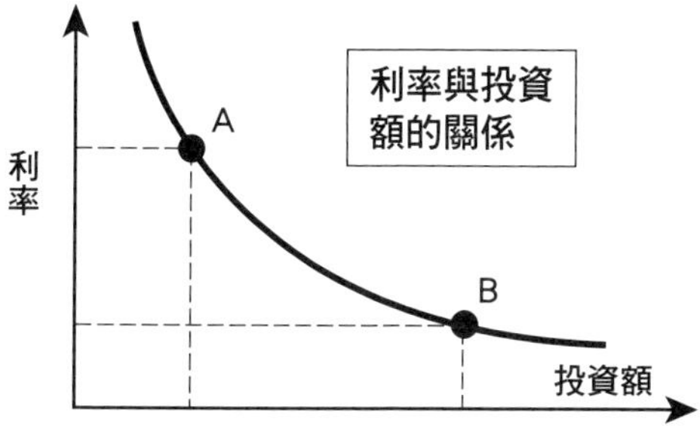
利率
A
B
投資額
利率與投資額的關係

A點時

利率比B點高，難以貸款。因此企業會減緩投資。

B點時

利率比A點低，易於貸款。藉此，企業投資會活潑化。

**投資額一旦增加，GDP就會增加。
利率一旦下跌，投資額就會增加。**

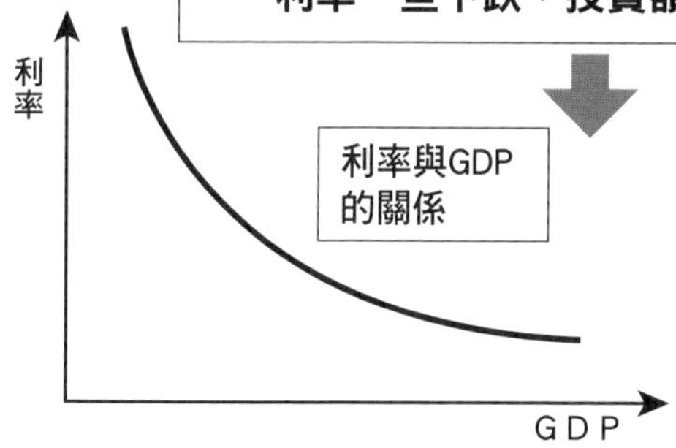
利率
GDP
利率與GDP的關係

利率一旦下跌，GDP會增加

我們下定決心擴增生產線。現在利率也下跌了。

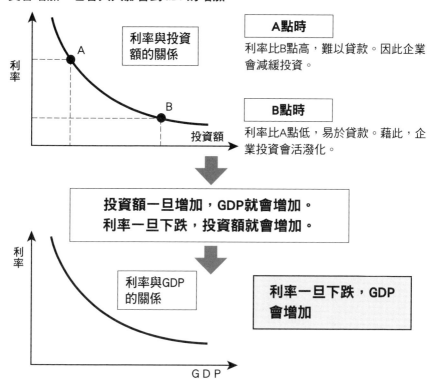

受到貿易對手國的經濟狀況、匯率之影響

對資源稀少的國家而言，進出口是構成ＧＤＰ的重要因素。ＧＤＰ是在國內生產的附加價值之總計，出口「ＥＸ」直接計算到ＧＤＰ中；相對的，進口「ＩＭ」由於是對手國的生產，因此是ＧＤＰ的減項。

也就是說，要提升ＧＤＰ，只要增加出口、減少進口即可。然而，進出口交易有對手國的存在，會因為對手國的狀況而有變動。

出口的關鍵變動因素是對手國的經濟狀況。例如，美國經濟狀況好時，美國人的消費思維受到刺激，就會多買我國產品（出口增加）、ＧＤＰ也會增加。另一方面，進口則反映出國內經濟狀況。景氣變差時，消費與投資會減少，進口也會進少。進口額減少，就能抑制ＧＤＰ的減少。

幣值的漲跌，也就是匯率（參見一五四頁）的變動，也對進出口有很大的影響。例如，一美元兌三十二元（台幣漲）時，我國產品在海外會變貴，出口就會遲緩，但國內的進口會增加。一美元兌三十五元（台幣跌）時，則會發生相反的現象。

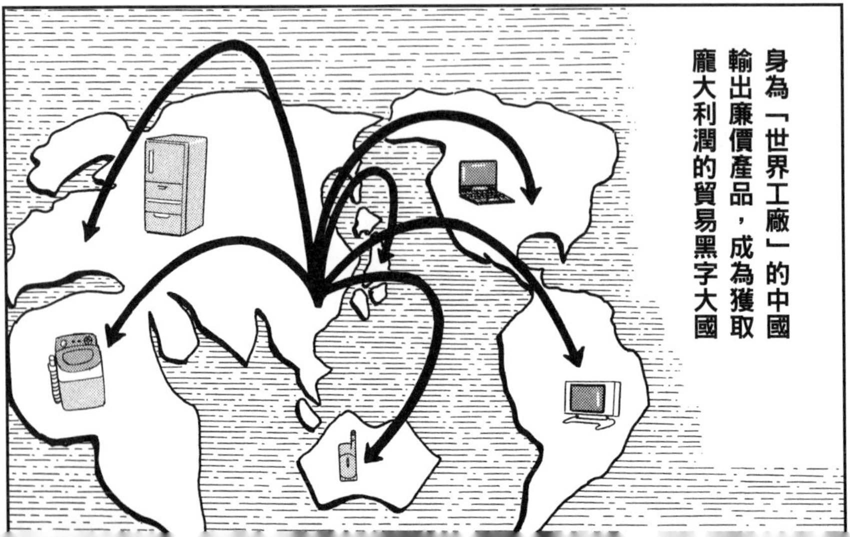

身為「世界工廠」的中國輸出廉價產品，成為獲取龐大利潤的貿易黑字大國

出口犧牲了對手國的經濟

出口會提升國內的GDP，但對於對手國來說則是進口，其GDP會減少。過度出口，會對於對手國的經濟造成傷害。

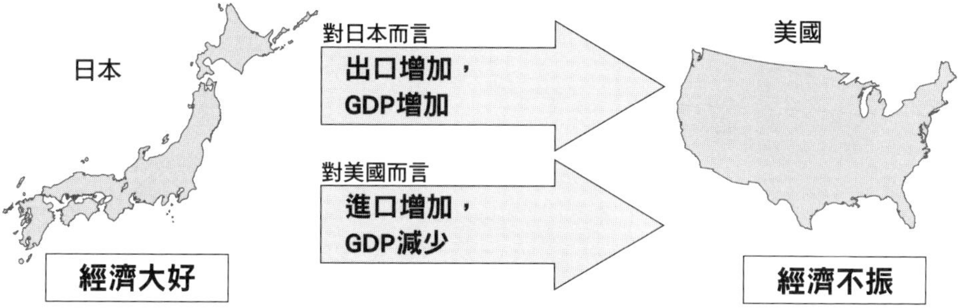
日本
對日本而言
出口增加，
GDP增加
美國
對美國而言
進口增加，
GDP減少
經濟大好
經濟不振

進出口會受到匯率行情的影響

把2,000,000日圓的汽車出口到美國時，試著比較一下日圓漲跌時的不同狀況。進口時則會發生相反的作用。

1美元兌80日圓時	1美元兌80日圓時，200萬日圓的汽車相當於25,000美元。由於價格變貴，需求會減少，出口也會減少。
1美元兌100日圓時	1美元兌100日圓時，200萬日圓的汽車相當於20,000美元。由於價格低，需求會增加，出口也會增加。

這個重點
要先懂

出口多、單方面獲利，會造成貿易摩擦

出口一旦增加，GDP固然也會增加，但對於對手國來說是進口，因此會有減少GDP的效果。也就是說，這等於是犧牲他國，使本國獲得利益，形成貿易摩擦的問題。

一旦一味的進口，本國經濟會受到損害，因此貿易對手國會採取「進口限制」、「調升關稅」等強硬措施，藉以保護本國經濟。

為推升GDP，從政策面調整

有時候為支撐景氣，政府會有動作，像是公共事業（公共固定資本形成）等等。這相當於GDP的構成項目「G」，在不景氣時，它是政府唯一能夠控制的景氣刺激對策，稱為「**政府支出**」。公共事業會有政府提供資金，其來源就是稅金。必要的資金若能全數由稅金支應就沒問題，但政府現在歲入經常性的不足，成為恆久性的財源不足。因此，希望透過發行國家公債、增加貸款，投資於公共事業上。所謂的國家公債，就是國家需要資金時，向投資家集資、發行做為借款證明的債券。國家會加上利息償還給投資家。

利用透過國家公債的發行收集到的資金增加公共事業後，確實能夠拉抬GDP。然而，借款遲早非得償還不可，其來源是稅金。結果，變成國民的負擔增加了。此外，國家公債的發行一旦增加，也會阻礙到企業的投資，而對GDP構成項目的「I」造成影響。政府支出的增加，未必就會帶來好結果。

金融資產有各種不同形態

一直以來，一談到個人金融資產，主要都是「現金」與「存款」。在歐美，很多人會把資產運用到債券、股票、投資信託等形態上。

這幾年，「投資」的概念開始普及，愈來愈多人把資產拿去投資。一般而言，利率高時，就期待利息收入，等債券上漲就賣掉，獲得利潤。先前提到的國家公債，也是債券的一種。

「總生產＝總支出」的關係式 Y=C+I+G+EX-IM

政府的行動抵消民間企業的投資

以提升GDP為目標的政府支出（公共事業），有時候會排擠到民間企業的投資，稱為「排擠效果」（crowding out）。

1 政府支出（G）增加，GDP增加

根據上述的「總生產＝總支出」公式，G增加的話，Y也會增加。G是政府唯一能控制的項目。發行國家公債、增加公共投資後，就能提升GDP。

2 GDP增加後，經濟活絡

經濟成長後，交易會變得活絡。由於現金易於運用，其需求會大於債券或股票。

貨幣需求增加

大家希望賣掉債券換取現金。這樣的行為一旦擴大，債市會暴跌。

利率上升

為保有債券的魅力，調升利率。

3 利率上升，投資（I）減少

利率上升形同投資的貸款成本上升，企業會減少投資。也就是說，G雖然增加，I卻減少了。拉抬GDP的效果也會減少。

排擠現象

政府支出增加的結果，產生企業投資「遭到排擠」的現象。GDP未必會增加。

分為考慮與不考慮物價波動的兩種看法

假設「ＧＤＰ增加為前一年的兩倍」，這種可觀的經濟成長，應該會讓全球驚嘆吧！不過，如果所有財貨與勞務的價格也變為兩倍，會如何呢？比如說，收入三十萬變成了六十萬，但所有物價也變成兩倍，那麼可購買的量是相同的，實質上與前一年完全一樣。

那麼，如果財貨與勞務的價值與前一年相同、ＧＤＰ增加為兩倍的話，根據ＧＤＰ的「三面等價」原則，所得也會變成兩倍，假設每年到國外旅遊一次，今年變成可以去兩次了。這顯示出經濟活動實質上變大了。

即使ＧＤＰ的變化相同，但因為財務與勞務的價格（物價）不同，實質經濟活動也會變化。以生產量乘以市場價格所求算出來的單純ＧＤＰ，稱為「**名目ＧＤＰ**」；考量物價的漲跌後衡量出來的實際ＧＤＰ，稱為「**實質ＧＤＰ**」。這樣的分類，可以看出真正的經濟力。以日本來說，比較一九九五年與二〇〇〇年，名目ＧＤＰ成長為六十倍，實質ＧＤＰ約為十倍。

以指數得知物價的變動

用於掌握物價變動的是物價指數。即便都叫物價指數，仍有不同的種類，像是由行政院發表的「消費者物價指數」、主計處發表的「GDP指數」，在日本也有日本銀行算出來的「企業物價指數」等等。

之所以如此，是因為市場中有著各式各樣的交易，必須視其特徵之不同，而使用適切的物價指數。

名目GDP是以價格與數量計算出來的

當年生產出來的財貨與勞務的生產數量再乘上市場價格，就能計算出生產物的價值。再全部加總起來，算出來的就是「名目GDP」。

2000年的柑橘價格與產量		2010年的柑橘價格與產量	
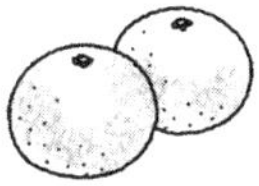	1 個　10元 生產10個	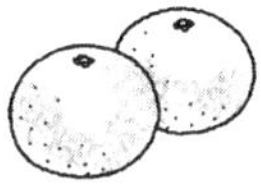	1 個15元 生產8個
名目GDP	100元	名目GDP	120元

經濟真的成長了嗎？

看到上圖，GDP由100元變成120元，所以看起來是成長了20%……

實質GDP是根據基準年的物價計算的

排除物價變動的影響，再計算當年生產的財務與勞務之真正價值，得到的是「實質GDP」。若以2000年的物價為計算標準

2000年的實質GDP	→ 10元×10個＝100元
2010年的實質GDP	→ 10元× 8 個＝80元

從實質GDP來看，是20%的負成長

ハフッ
ハフッ
麵也變貴了呀……
我年輕的時候物價還很低……

去看計程車與麵的價格，就能得知物價的變動。過去曾有1元就能坐計程車的時期。

日本的經濟規模會被中國超越嗎？

由於各國的勞動力與生產規模不同，光看ＧＤＰ的數字，仍無從得知該國真正的經濟力。若把ＧＤＰ拿來與前期比較，呈現出變化率，就能清楚看出經濟成長了多少比率。這就是**經濟成長率**。

日本在一九六〇到一九七〇年代，每年都達成實質約百分之十的高經濟成長率。然而，自一九七三年的石油危機以來，經濟成長率掉到百分之三至五。一九八〇年代的泡沫期，是經濟成長率最後一次到達百分之三至六；一九九一年掉到百分之一（泡沫破滅期），在那之後，有時是負成長，經濟成長率（實質）大約都在百分之二上下。

經濟成長率之所以受到社會關注，是因為政府會根據經濟成長率製作一份估算下一年度預計景況的「政府經濟預測」。藉此，政府的預算，以及分配給地方自治體的預算就有了前置條件，成為編列預算的基礎。經濟成長率是觀測日本經濟走向的重要指標。

現在，日本的實質ＧＤＰ為全球第二，僅於美國。然而，中國的經濟成長率以百分之十左右的勢頭成長，一般認為十幾年後會取代日本。

原本應可達成之經濟成長率

一國的經濟力不是只有經濟成長率而已。也有國家經濟成長率很低，但勞動與資本尚未運用到大限度。只要能充分運用，經濟力就會提高。

用於顯示這類狀況的是「潛在成長率」。現代日本的經濟成長率很低，是因為失業問題嚴重所致。相對於原本的生產能力，有充分的勞動力可以補不足。因此，日本的潛在成長率據信比實際要高。

中國急速成長

用於顯示各國經濟力的經濟成長率，計算的是GDP比前年度成長了多少。

$$經濟成長率 = \frac{今年度的GDP}{前年度的GDP}$$

前年度的GDP為10兆元
今年度的GDP為11兆元時

11/10=1.1，可知與前年度相比的經濟成長率是10%

前年度的GDP為10兆元
今年度的GDP為9兆元時

9/10=0.9，可知與前年度相比的經濟成長率是-10%

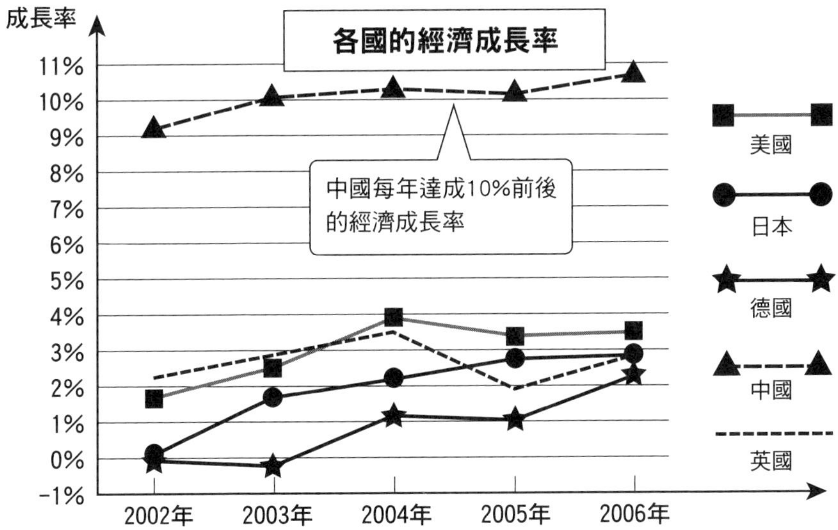

（資料來源：總務省統計局《世界的統計2008》）

以人均GDP來看

2005年，中國的人均GDP約為1700美元。日本約為35000美元。兩國都不及於美國的約41000美元。不過，中國的高經濟成長率如果持續下去，不久日本會被超越。

不只財貨，土地或股價一飆漲，就會變成泡沫

一般而言，物價會漸漸上漲。由於所得通常隨物價上漲而上漲，因此不會讓人對生活感到不安。然而，一旦所得追不上物價的上漲，就形同實質所得減少，生活會變苦。這種狀態長久持續下去，就稱為**通貨膨脹**。

通貨膨脹發生的原因，可以分為兩大類。一種是「需求拉動型」：因為經濟活動活絡，供給跟不上需求的成長，物價就會上漲；一種是「成本推動型」：生產與銷售相關的成本上漲，企業為確保利潤而提高產品價格。

通貨膨脹下，貨幣的價值會下跌。例如，假設每個一百元的麵包如果在一星期後變成一千元。麵包價格漲成十倍，就代表貨幣價值跌為十分之一。

通貨膨脹不光是物品價格上升的現象而已。與經濟狀況相比，貨幣供給量一旦急增，就會出現金錢過剩的現象，不光是物品的消費，投機性資金也會流向土地與股市。這麼一來，土地與股價就會急遽上升，成為通貨膨脹。

物價漲到500倍以上的惡性通貨膨脹

通貨膨脹的程度，是以「通貨膨脹率」來衡量。100元的麵包變成200元，通貨膨脹率就是百分之百。這麼極端的通貨膨脹（惡性通貨膨脹）固然讓人覺得很不實際，卻不時會在世界上發生。

例如，前蘇聯瓦解時，至今所有勉強壓制與掩蓋的問題全都反映了出來，其貨幣盧布暴跌。100元的果汁甚至在一年後變成7000元（通貨膨脹率6900%）。

發生的原因有兩種

需求與供給的均衡一旦瓦解，物品的價格就會上下變化。誘發它的原因可分為兩類。

原因1

需求超過供給

由於景氣很好，需求急速擴大，供給到市場上的財貨與勞務變得不足。物品一旦不足，價值就會上升，物價也上升。

需求拉動型通貨膨脹

原因2

原物料漲價或薪資增加

生產所需之原物料或運輸燃料費等項目急漲。為確保利潤，把上漲的部分轉嫁到產品價格上，造成物價上漲。

成本推動型通貨膨脹

通膨一旦發生，就會急速擴大

一旦物價開始上升，為防範再次上漲，大家會急著囤積。這會導致需求更加超過供。企業也一樣，一旦預期生產要素上漲，也會事前把差額轉嫁到價格上，以確保利潤。
通膨助長了不安感，漸漸波及所有市場。

有時候會發展成為泡沫

土地或股價等一旦因為投機熱潮而急漲，就會偏離原本應有的水準。由於它遲早會破滅，而且實際的內容是虛的，因此稱為「泡沫經濟」。

一旦發生通貨膨脹，價格會急漲。

企業收益減少、產生眾多失業者

與通貨膨脹完全相反的現象，稱為**通貨緊縮**（通縮）。通膨是物價持續上升的現象，通縮則相反，物價下跌，使貨幣價值上升。例如，一百元的麵包變成五十元，貨幣的價值就增加為兩倍。通縮的發生原因來自於供給量超過需求量，而成為物品過剩的狀態。企業為避免庫存增加，不惜斷然實施降價，也要把東西賣掉。

通縮使物價下跌，讓大家能夠買到比原本更多的東西，因此好像是一種受人歡迎的現象。然而，部分產品或商品降價固然受到歡迎，但社會整體如果都持續下跌，就會讓人困擾。這是因為，通縮會成為誘發不景氣的引信。

商品一旦滯銷，企業收益會減少。這麼一來，企業會想要減薪或裁員以維持經營能力。由於個人所得減少，購買力下降，商品變成供給過多。這麼一來，又必須再降價……。二〇〇〇年後的日本，商品的價格因通縮而大幅下滑，發生了稱為「價格破壞」的現象。到現在，日本經濟都還深受其後遺症所苦。

物價的下跌未必就是壞事

供給過剩會使物價下跌，但技術革新帶來的降價，有時候是好現象。這種現象常見於工業產品，尤其是半導體相關產品。

例如，五年前性能屬10萬元等級的電腦，現在只要不到2萬5千元就能買到。之所以能夠像這樣大幅降價，是因為技術革命同時實現了成本的刪減以及性能的提升。

與通貨膨脹完全相反的現象

通貨緊縮是指供給過剩造成物價下跌。它與通貨膨脹相反，貨幣價值增加，但由於商品滯銷，會誘發不景氣。

物價下跌
發生商品過剩現象，出現不惜降價也要把商品賣掉的通貨緊縮。

覺得可能還會再跌價
一旦確認通貨緊縮，消費者會期待未來跌更多。

盡量不買東西
消費者判斷，與其現在買，不如過後再買比較划算，因此盡量不買東西。

商品不賣，企業收益減少
由於消費者不買商品，銷售額減少，企業收益下降。

工作者的薪資也減少
企業的收益減少，為維持體力，會斷然執行減薪或裁員。

不買東西的傾向更加嚴重
由於個人收入減少，無法購物，商品會更加滯銷。

通貨緊縮的惡性循環
通貨緊縮的可怕之處在於，一種完全無法跳脫惡性循環，稱為「通貨緊縮螺旋」（deflation spiral）的現象。

薪資的向下僵固性
薪資調漲的話，沒人會抱怨。
但薪資只要調降任何一點，工作者就會抗拒。減薪很不容易。
這稱之為「薪資向下僵固性」（名目勞動薪資向下僵固）。

不過……
收益減少的企業非得設法壓低人事成本不可

解雇工作者 ➡ 出現失業者

物價與失業率都上升的現象令人煩惱

原本，在通貨膨脹發生、經濟熱起來的狀態下，需求會大於供給。由於市場上的商品不足，物價會上升。其後由於供給增加，就業也會增加。反之，通貨緊縮發生、經濟冷下去的時候，物價會下跌、業績不振的企業會斷然執行裁員等做法，失業者會增加。經濟就是在取得二者之間的平衡下，一方面經常變動。

然而，一九七〇年代以來，多數主要先進國都遭逢至今的經濟理論所無法說明的現象。那是一種高失業率與物價上升同時出現的現象，稱為「**停滯性通膨**」。

由於不景氣（stagnation，經濟停滯）與物價上漲（inflation，通貨膨脹）同時發生，因此以合成語「停滯性通膨」（stagflation）稱之。

日本在一九七三年後，在政府推動「日本列島改造」造成地價高漲，以及伴隨石油危機的物價上漲，同時發生了年增率超過百分之二十的物價上漲，以及因為設備投資減少導致的不景氣，持續陷入結構性不景氣。在那之後，日本也歷經多次停滯性通膨。

愈來愈多人採取重視市場機制的做法

在凱因斯經濟學中，重視貨幣政策與財政政策，並把重點放在擴充社會保險制度上。許多先進國家都把這樣的想法予以實踐。然而，由於出現了凱因斯經濟學（參見四十八頁）所無法解決的停滯性通膨，有人開始懷疑其觀點。

今天的主流是，政府捨棄管理政策，重視讓需求與供給自然取得均衡的市場機制。

晨間的
全球新
最近希望以「小而美政府」取代「大而強政府」的聲音似乎很強烈呢！

失業沒了薪水，物價又上漲，生活會出問題。

目前為止的經濟理論所無法說明的現象

世界主要先進國家根據凱因斯經濟學，積極介入市場。但目前為止的經濟理論所無法說明的停滯性通膨卻發生了。

目前為止的經濟理論

通貨膨脹與失業率有抵換關係

為抑制上漲的物價，也就是通貨膨脹，失業率會上升。另一方面，一旦為解決失業問題而過度推展公共事業，就會發生通貨膨脹。根據凱因斯經濟學的觀點，通貨膨脹與失業率之間，有一種無法同時解決的抵換關係。

發生通貨膨脹
↓
透過政策抑制通膨
↓
經濟停滯、失業者增加
↓
供需之均衡回復
↓
物價下跌、穩定

停滯性通膨的發生

1970年代開始發生

發生停滯性通膨的關鍵因素是石油危機等供給面衝擊。這對於生產成本與產品價格帶來直接影響，造成物價急速上漲的通貨膨脹。另一方面，經濟停滯，失業者增加。

發生通貨膨脹
↓
透過政策抑制通膨
↓ ↓
物價不穩定，持續上升 → 經濟停滯，失業者出現
物價上漲時，失業者理應減少才對 → 失業者增加時，通貨膨脹應受到抑制才對
↓ ↓
發生停滯性通膨

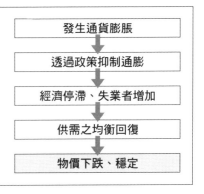

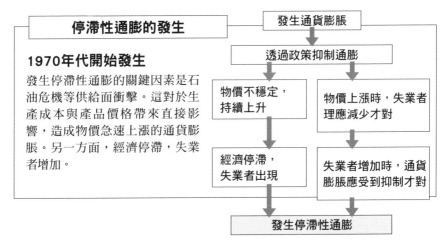

以「想工作的人都能工作」為目標

失業者增加是嚴重的社會問題，這一點應該沒有人會持反對意見吧！因為市場經濟中，需求與供給的均衡很重要，而支持供需雙方的，就是工作者，也是消費者。**失業等於直接連結到消費抑制上。**失業者增加的話，需求與供給一瞬間就會失衡，加速不景氣。

所謂的失業者，就是有工作意願但無法工作的人。有工作意願，也具備完成工作的能力，卻無法工作，這是很大的損失。

此外，失業者一旦增加，犯罪也會增加，用於抑制犯罪的社會成本也會增加。由此可知，失業是經濟問題的一大課題，也是政府應優先著手處理的問題。

創造一個完全就業的經濟環境，讓想工作的人都能工作，是總體經濟學探討的一大課題。

在此試著把失業者分類，深入了解其性質與特徵，希望藉此找出減少失業者的方法（參見左頁）。

「完全失業者」是指有在找工作的人

泡沫經濟破滅後，「完全雇用」的概念瓦解，日本的失業率急速攀升，現在在百分之四前後游移（之前是百分之二前後）。

日本對於失業者的定義是：「處於可能就業的狀態，但沒有工作，正在求職的人。」此外，失業率是把勞動力人口中失業者所占比率換算成百分比顯示。

失業有各種類型

即便都叫失業，原因不一而足，有公司倒閉、裁員、個人因素、職涯規劃等。現在把失業分成五種代表性類型，思考失業的原因。

結構性失業

勞動市場中的供需均衡，但企業所需求的人才與求職者的特質（年齡等）之間有落差所造成的失業。打工者增加、正規雇用者減少，就是一例。

循環性失業

因為景氣好壞的循環而發生的失業。相對於勞動需求，勞動供給過多所致。景氣好的時候會改善，但景氣一差就會持續，很難改善。

摩擦性失業

因為轉職等因素造成的暫時性失業。多半是短期而自發性的。

季節性失業

受到季節與氣候的左右，像是建築工人在冬季因為積雪無法工作而陷入失業狀態。

技術性失業

機械化、自動化取代了對於特殊能力的需求，變成沒有工作的狀態。

日本的失業率在4%左右游移

「完全就業」並不代表沒有失業者，而是經濟活絡下，所有生產要素都得到有效率的活用、失業者最少的一種狀態。

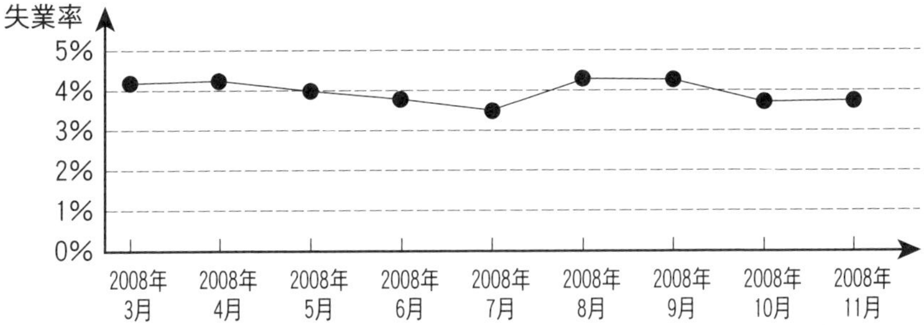

（資料來源：總務省《勞動力調查》）

失業率變化

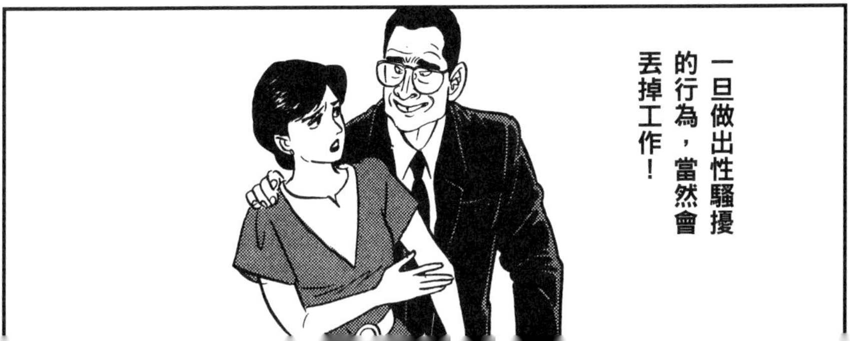

電腦御宅族青年改變了資訊科技世界

比爾・蓋茲（Bill Gates）是美國最年輕的億萬富豪，每秒就有三百四十七美元進帳。

學生時代他已經在撰寫軟體程式，銷售薪資計算與交通流量分析軟體給企業。在同世代的人都還是學生時，他已經在「做生意」了。

其後，比爾・蓋茲從哈佛大學中輟，正式進入商業世界。

然後在一九七五年，他與朋友保羅・艾倫（Paul Alan）一起創辦微軟公司。之後隨著該公司幾乎獨占資訊科技產業，也帶來了莫大的財富。

掌握世界財富的巨人

比爾・蓋茲

美國
1955-

以過人的生意頭腦累積巨萬之富

一次，ＩＢＭ公司前來探詢，「ＩＢＭ要開發第一部個人電腦，你們有沒有興趣為它開發語言與ＯＳ（作業系統）？」

接受邀約後，微軟開發出後來發展為「Windows」作業系統的ＯＳ，「MS-DOS」。該公司提供ＩＢＭ專利，收取專利權利金。原本只有三十二名員工與微薄利潤的微軟成功以對等身分與業界最大廠ＩＢＭ交易，獲取了龐大利潤，讓全世界瞠目結舌。

其後，由比爾・蓋茲所率領的微軟，仍製造出無數成為業界標準的產品，持續躍進。

第5章

金錢在全球流動

——金融與財政

股票與債券投資盛行後，
大家開始想知道對於政策與公共投資也有影響的
金融、財政知識

從有的地方流通到沒有的地方

家庭（人們）把勞動獲得的對價，也就是所得，存到銀行等金融機構去，再於必要時提領出來使用。保管金錢的銀行則把錢貸給缺錢的人或企業。銀行支付利息給出借人（家庭），再從融資對象那裡收取利息，二者之間的差額就成為銀行的利益。

銀行的主要融資對象是企業。例如，在新建工廠時，企業的資金如果不足，就會向銀行融資。

易言之，家庭是透過銀行的仲介把錢借給企業。這稱之為「間接金融」。

家庭所取得的所得也可以不以存款的方式，而以投資信託等方式存放、由他們操作。股票與債券等，就屬此類。這些方式由於是由家庭成為直接交易的主體，因此稱之為「直接金融」。

這種方式下，經濟活動會比透過金融機構把錢流到各處要來得活絡。金融有「經濟的潤滑油」之稱，是經濟發展所不可或缺的體系之一。

錢也需要租金，也就是利息

一講到「租借」，我們腦海中通常會浮現的是租DVD或是租車。這些都是可以支付租金使用的。金融機構也一樣，把錢當成商品看待。

銀行付「利息」作為租金給家庭（人們），把錢借過來（存款），再把匯集的錢貸出去給企業（融資）、收取利息。股票或債券也是以「配息」、「息票」（coupon）等形式支付租金。

金錢的融通有各種方式

家庭的金錢經由金融體系融資給企業。金錢會以配息、息票等租金的形式回到家庭，形成一個反覆的循環。

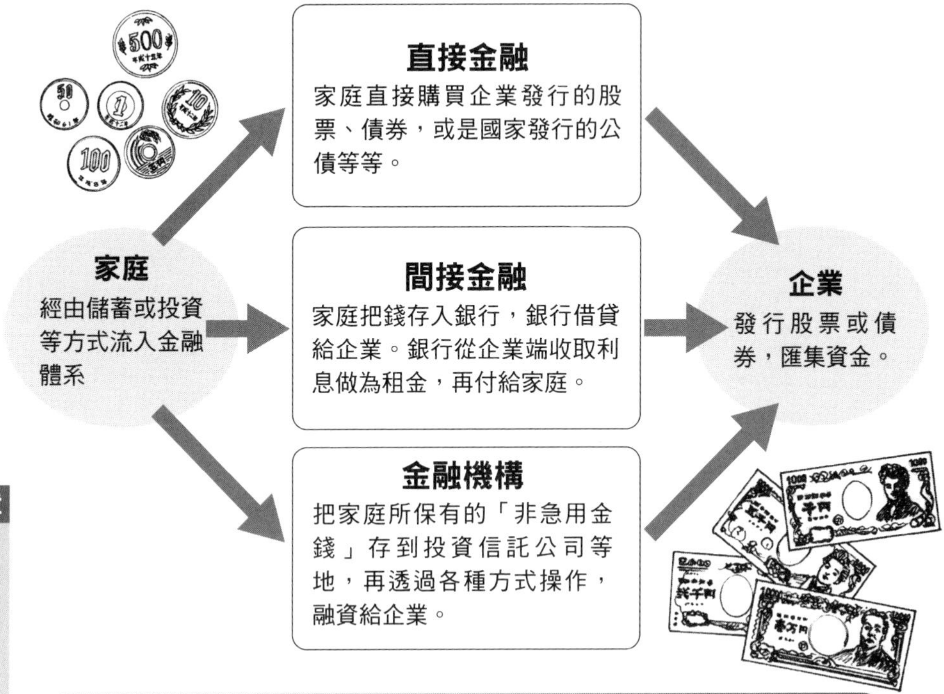
直接金融
家庭直接購買企業發行的股票、債券，或是國家發行的公債等等。
家庭
經由儲蓄或投資等方式流入金融體系
間接金融
家庭把錢存入銀行，銀行借貸給企業。銀行從企業端收取利息做為租金，再付給家庭。
企業
發行股票或債券，匯集資金。
金融機構
把家庭所保有的「非急用金錢」存到投資信託公司等地，再透過各種方式操作，融資給企業。

大多資產都偏重在現金、存款上

金錢流入金融市場固然可活絡經濟，但日本有一種偏重在存款上的傾向。試著比較美日兩國看看。

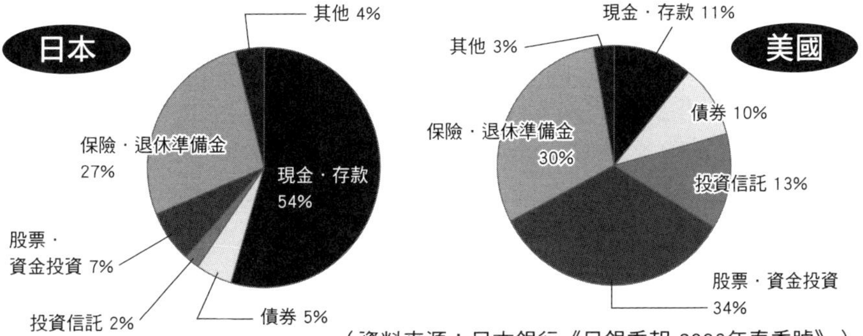
日本
其他 4%
保險・退休準備金 27%
現金・存款 54%
股票・資金投資 7%
投資信託 2%
債券 5%
美國
現金・存款 11%
其他 3%
保險・退休準備金 30%
債券 10%
投資信託 13%
股票・資金投資 34%

（資料來源：日本銀行《日銀季報 2003年春季號》）

中央銀行的三種角色

全球有美元、歐元、日圓等各種貨幣在流通。發行這類貨幣的機構，稱為**中央銀行**。美國的美元由聯邦準備理事會發行，歐洲的歐元由歐洲中央銀行發行，日本的日圓由日本銀行發行，大概是這種狀況。而中央銀行有三大任務。

如果把發行的貨幣比喻為商品，中央銀行的第一項任務很容易懂。家電製造商會為自家產品做保證，相同於此，中央銀行也必須為貨幣做保證，也就是不讓貨幣價值下跌，或著說是安定物價。銀行除發行貨幣，也會調整其流通量，使物價穩定。這是第一項任務。

從名字中有「銀行」就能得知，銀行也提供貸款，其貸款對象為一般銀行等金融機構。這是中央銀行的第二項任務，因此中央銀行也有「銀行的銀行」之稱。

中央銀行也有存款帳戶，名義人是政府。政府從中央銀行領錢出來使用。管理此一帳戶，是中央銀行的第三項任務。因此，中央銀行也有「政府的銀行」之稱。

中央銀行如何經營？

日本銀行有「政府的銀行」之稱，因此或許有人覺得它是以稅金支撐的國營機構。不過，為使政治與金融分離，它已成為獨立法人。

其資本額一億圓，由政府出資55%，其餘由個人或金融機構出資。日本銀行會對出資者發行證明投資數額的「出資證券」，不過不同於股份公司，出資者無權干預經營。（編註：台灣的中央銀行資本全部為政府所有。）

一般銀行不涉足的特殊業務

中央銀行會謀求物價的穩定，在景氣過熱時冷卻之，反之也要在景氣過冷時溫暖之。也因為這樣，它才有「物價守門人」之稱。

1 發鈔銀行之角色

鈔票上印有「中央銀行」字樣，記載著發行單位。在中央銀行委託下，由「中央印製廠」印製。

也會調整貨幣流通量（參見122頁）

2 政府的銀行之角色

國家把所徵收的稅金或賣掉公債的所得存在中央銀行，再提領出來支付公共事業的資金或付薪水給公務員。

政府在中央銀行有帳戶

日本銀行

3 銀行的銀行之角色

中央銀行的客戶是一般銀行與證券公司、保險公司等金融機構。它可以貸款給銀行。

存款準備制度

所有金融機構都有在中央銀行存款的義務。在保有的存款中，必須有一定比率存放在中央銀行，該比率稱為「存款準備率」。

台灣的貨幣全數由中央銀行發行。

美國的美元由聯邦準備理事會發行

調整貨幣供給量、安定物價

對於以安定物價為最優先考量的中央銀行而言，通貨膨脹與通貨緊縮都是他們不樂見的狀況。因此，該單位會調整供應到市場中的貨幣供給量（money supply），力求讓經濟活動穩定。

貨幣供給量增加或減少，將會使物價漲跌。一旦有必要以上的金錢供給到市場中，會形成「金錢過多」的狀態，貨幣價值會下跌，成為通貨膨脹（物價上升）。反之，一旦供給到市場中的金錢不足，會形成「物品過多」的狀態，而變成通貨緊縮（物價下跌）。兩種狀況央行都想迴避，因此該單位會監控貨幣供量的動向，調整進入市場的貨幣量到適切水準。

這就是所謂的**貨幣政策**。

貨幣政策包括「重貼現率操作」、「公開市場操作」、「存款準備率操作」等三種代表性的手法（參見左頁）。

也有人為操作通膨的政策

央行有時候也會採取人為操作通膨的政策，持續增加貨幣供給，一直到某種程度的通貨膨脹為止。這種做法稱為「通膨目標」（Inflation Target）。

這種想法是，只要央行增加貨幣流通，市面上的貨幣會增加，大家就會買東西。景氣活絡後，物價會上升（通貨膨脹）。過去，日本為跳脫通縮經濟，曾認真討論過這種做法。在國外，為抑制通貨膨脹，有時候也會使用「通膨目標」。

貨幣供給量左右了景氣

社會上流通的金錢，也就是貨幣供給量的增減，會對景氣的動向有所調整。貨幣供給量不光指現金，也包括存款在內。

貨幣供給量＝現金＋存款

流通的金錢數量增加時

過熱 ◀———▶ **過冷**

景氣一好，企業會增加設備的投資，從銀行那裡融資。這會使得金錢的流動變好、消費變多、物價高漲。

流通的金錢數量減少時

景氣一差，企業也會變得無法投資。金錢的流動狀況也會變差。由於物品賣不出去，物價會下跌。

央行藉由三種方法掌穩定物價之舵

為維持貨幣供給量於適切水準，央行藉由「重貼現率操作」、「公開市場操作」、「存款準備率操作」三種方式控制景氣與物價。

1 重貼現率操作

央行貸款給一般銀行時，調整利率（重貼現率），讓世面上的利率變動的利率政策。

重貼現率一旦降低，一般銀行就能以低利率融資出去，因此企業等機構對於設備的投資會變得盛行，可以刺激經濟。

2 公開市場操作

央行與金融金機構買賣公債或票據，調整市場上的貨幣供給量。

通貨膨脹時，央行會把公債等賣給金融機構，採取把市場上的資金吸收進來（賣出操作）的「緊縮貨幣政策」。

3 存款準備率操作

央行操作存款準備率（參見121頁），調整貸款給一般銀行的資金量。

存款準備率一旦上升，一般銀行就必須把更多錢存放在央行，這些銀行對於企業或個人的貸款就會減少。

肇因於金融機構失去國際競爭力

過去，日本政府一向採取護航的方式，藉由嚴格的進場法規、業務法規或利率法規保護金融機構，讓它們能夠穩定賺取利潤。然而，泡沫經濟破滅後，事態丕變。失去國際競爭力的金融機構，抱有龐大的不良債權，經營一個個出現問題。因此，政府開始鬆綁金融市場的法令規範，大幅轉換方向，朝金融市場與證券業界的國際化規劃。此稱之為「**金融大爆炸**」。

金融大爆炸有兩大目標：其一是把間接金融中心的經濟，轉換為直接金融。一直以來，金融業都受到保護，現在要把各業態間的藩籬去除，讓金融市場自由化。於是，多樣化的金融商品誕生，日本至今以存款為中心的一千五百兆日圓個人金融資產，開始轉移到投資信託或股票上。

隨之而來的是金融市場在市場原理下變得活絡。在這樣的勢頭下把東京的金融市場培育成與倫敦或紐約並駕齊驅的國際金融市場，是第二大目標。在日本的金融市場朝世界開放下，外國資本就能不斷流入日本。

1500兆日圓的個人金融資產在沉睡

日本的個人金融資產有1500兆日圓。其中有一半存放在金融機構裡沉睡。不過，泡沫經濟破滅後，「銀行不會倒」的神話，也脆弱地破滅了。對於存款，個人也漸漸要負起責任。因此，個人金融資產開始轉向投資信託或股票等直接金融。

在金融體系大幅改變的此刻，每個人都必須對金融擁有正確知識。

為了在全球競爭，金融市場也到了改革的時候

金融自由化下，個人金融資產開始流向直接金融，外國金融機構也進入日本市場。日本的金融市場朝全球開放，競爭白熱化。

異業進入業界

新力與Seven & i Holdings等零售業者，進入金融業。

新金融商品登場

可以利用網路銀行，也可以自由存外幣。

業務範圍自由化

原本只在證券公司等部分機構買賣的投資信託，現在也可以在銀行銷售了。

制度、法規之整備

股票的買賣手續費原本有一定規範，現在自由化了。

消費者的保護

「金融商品交易法」實施，銷售金融商品時，有詳細說明的義務。

兩大支柱

朝國際金融市場發展

讓東京證券交易所發展為與紐約、倫敦並駕齊驅的國際金融市場。

朝直接金融中心發展

讓原本偏重於存款的個人金融資產轉換到直接金融上，使金融市場活絡起來。

不光是在證券公司，在銀行也買得到投資信託了。

股票公開上市是公司「獨當一面」的證明

股票要公開上市，必須滿足一定的審查標準，像是企業的營收、利潤、將來性，以及內部體制等等，門檻很高。

公開上市是籌措資金的手段

股票一旦公開上市，企業固然會有遭人把持的危險，但由於可以透過證券市場籌措資金，是發展事業的有效手段。

企業
為籌措資金而發行股票，在證券市場中出售。

股票 →

← 資金

投資人
根據企業的業績或將來性做出判斷，透過證券市場購買股票。

企業獲得的是……

新資金的籌措

不同於向銀行等機構融資，是一種無需償還的純粹資金籌措方式。可以此為基礎擴大事業、發展新事業。

投資人獲得的是……

資本利得（capital gain）

買賣股票可獲得之利益。以80元買進、100元賣出，就是20元的利益。

收益（income gain）

企業支付給股東的配息；會因業績之不同而改變。

股價經常在變動

股價會因為買賣狀況而無時無刻改變，也反映出景氣動向。日本股價的變動主要可由「TOPIX（東證股價指數）」與「日經平均股價」觀察。

TOPIX

針對在東京證券交易所上市的第一部所有股票，計算其市值（股價×股數）。以1968年1月4日的市值為100，計算現在的市值。

日經平均股價

從東京證券交易所第一部上市的股票中，挑選具代表性的225支股票，計算其純粹平均值。所採用的股票會定期替換，因此可以反映出產業結構的改變。

也有人透過股票公開上市而獲得巨額財富

滿足上市標準的企業，將會受到社會很大的信賴。無論買賣往來或確保人才，都很有利。

以A公司為例思考看看

以100萬元的資本（面值50元x20,000股）創業。股份全數由A公司持有。

A公司

目前保有之資產增加為500萬元。決定讓股票上市，把20,000股中的5,000股賣出。

股票上市的審查標準

證券交易所包括東證、大證、JASDAQ等等，各市場的審查標準各異。審查項目包括已發行股數、股份的分布狀況、市值、收益狀況等。

證券交易所

股票可以在市場中買賣，稱為「股票公開」，為此，把股票公開給證券交易所，稱為「上市」。一旦破產，上市會被廢止。

滿足上市標準

A公司股票該賣多少錢？

目前的保有資產是500萬元，已發行20,000股，因此每股訂為25元（500萬元除20,000股）是恰當的。

「承銷價」之設定

接受「未公開股票」業務的證券公司，根據A公司的將未來性等因素，決定其上市價格。

決定「承銷價」

一旦承銷價定為300元，A公司會有300元×5,000股=150萬元的現金入袋。

交易開始

買單與賣單進來，雙方等價而成立的買賣價格，成為「初值」。

初值為500元時，公司的價值是500元X20,000股=1,000萬元。

初值為200元時，公司的價值是200元X20,000股=400萬元。

合併、收購是強化競爭力的戰略之一

現代的企業經營中，決策必須要快速。身處這種時代，從零開始發展新事業，實在太花時間與工夫。因此，選擇另一種方法，針對打算新發展的事業，找尋已擁有其技術之企業，採取收購、合併的方式。取「合併」（Mergers）與「收購」（Acquisition）兩個英文字的第一個字母，稱這種做法為「**併購**」（M&A）。

所謂的合併，就是把兩家以上的公司整合為一家法人。所謂的收購，就是購買企業的一部分，甚至整個買下來。收購方式有兩種，一種是取得股份，另一種是營業讓與（事業收購）。

即便都叫併購，仍有層次之不同。百分之百取得對手企業的股份時，對手企業就自動納入公司裡，成為子公司。然而，併購沒有必要非取得對方的所有股份不可。因為，只要持股數足夠，就能取得議決權，等於可以控制對手企業的經營方針（參見左頁）。由於現代的併購是經營戰略的一環，用於強化競爭力之用，因此多半只取得對手企業最為擅長的部分。

惡意併購與股票公開收購

併購固然是透過取得對手企業的股份而實現，但對方抗拒時，即使想透過證券交易所收購股份，也不會順利。

因此，如果要以強硬方式收購股份的做法，會採取稱為「股票公開收購」（TOB, Take Over Bid）的方式取得股份，而不經由證券交易所。由於募股價格高於市價，可以預期股東將會售股，也可以一口氣匯集股份。

併購要看持股比率多寡

視取得對手企業的股份比率之不同，併購的影響力也會不同。如果只關注對手企業的部分事業，就沒必要取得所有股份。

取得5%

短期內一旦大量保有股份，股價會激烈震盪。因此，只要取得5%以上的上市股，就必須向財務局提出「大量持有報告書」。

取得1/3以上

股東大會的「特別決議」需要2/3以上贊成。也就是說，只要取得1/3以上，就能發動「否決權」、控制經營。

取得過半數

可以進行董監事改選或庫藏股買回等決議。可以當成是子公司一樣地控制。

取得百分之百

完全成為子公司，也就是可以視為集團的一員，活用對手企業的機動能力，藉以擴大銷售通路或補自己公司之不足。

即使只差一點，只要取得過半數，就能進行普通決議。

曙製作所
6,085,000
有馬產業集團
6,064,000

政府與企業都會為了籌措資金而發行債券

股票公開上市是企業籌措資金的方法之一，但除此之外，有時也會以**債券**這種方法向一般投資人集資。所謂的債券是一種針對不特定多數的投資人發行的有價證券。債券如同本票，經過一定期間後，可收取票面金額與利息。

對投資人與發行者而言，債券有幾個好處。

首先，它不同於現金本票，到期前也可以轉讓給他人，也就是可以換現，因此投資人可基於短期操作之目的購買債券。

另一方面，發行者只要支付事先決定好的利息（依照票面利率）即可。由於在到期前無需還款，適於長期資金籌措之用。

一旦保有至到期為止，就可收受票面金額及利息。也就是說，其操作利潤是固定的，可有計畫地活用資產。而且，債券有各種法律保護（商法、財政法等），是相較之下較安全的投資方式，很多人都以利息收入為目的做為資產之運用。

債券有許多種類，國家、地方自治體、公共團體、企業或外國政府都可能發行，可以在證券公司購買。

風險不會太高嗎？
你聽好，如果害怕風險，就沒辦法投資了。高風險，高報酬！

股票與債券的不同

債券和股票一樣，都是以「資金籌措」為目的而發行的，但二者有其相異之處，像是持股者可以對經營表示意見，持有債券卻沒有發言權等等。

	是否保本	配息	對經營的發言權	風險
債券	保本	可領取固定利率之利息	無	違約風險等
股票	不保本	因業績而異	有	股價的變動風險等

何謂「違約風險」

所謂違約，就是對方沒有依約支付本金與利息。例如，公司一旦破產，債券可能會變廢紙。信用評等機構所評價的「信用等級」，可以做為評定債券信用的基本指標。

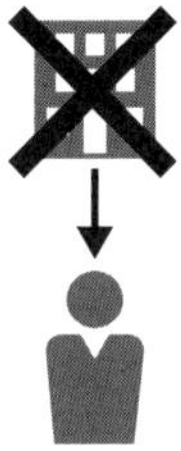

企業一旦破產

↓

購買者有可能拿不回本金、利息

有的債券與股票連動

債券也是直接金融的代表性方式，在金融商品中，它的種類最豐富。以企業為首的許多機構，經常會發行新債券。其中也有可以轉換為發行公司股份的債券。

附認股權公司債

除了具有和一般債券相同的價值外，也附有以一定價格認購發行公司股份的權利。

附認股權公司債 → 股份、債券

可轉換公司債

除了領取公司債的本金、利息的確切性外，也兼具因股價上漲而帶來的收益性。

公司債 → 可轉換為 → 股票

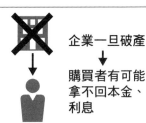

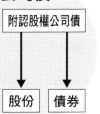

衍生性金融商品日漸抬頭

利用高級數學與電腦，把從金融商品衍生出來的「權利」、「義務」拿來交易的衍生性金融商品，日漸盛行。

衍生性金融商品交易的是「權利」

金融商品有價格變動等風險存在。為抵消這種風險而構思出來的，就是衍生性金融商品。它有兩項特徵。

避險效果

如期貨交易一般，可以防止未來可能發生的匯率變動而導致的資產價值震盪。由於可迴避風險，稱為「避險」。

槓桿效果

如同把小力量轉換為大力量的「槓桿原理」一般，拿些許的保證金從事數倍於此的交易。風險高，但報酬也高。

期貨交易

據說源自於江戶時代的米市。以下以米的交易為例說明期貨交易。

今年的米，令人擔憂可能會因為歉收而漲價。在收割期開始前，希望先預購米。

耕耘期

簽定在半年後以每公斤1000元的價格購買的契約。

收割期

豐收

米由於豐收而跌價，每公斤市價800元，交易失敗。

歉收

米由於歉收而漲價，每公斤市價1500元，交易成功。

SWAP交易

所謂的SWAP就是交換的意思，它是等值現金流量間交換的交易之總稱。在交易中交換的是具有同等價值的未來現金流量。

以美元借入資金 → 以日圓償還

以日圓借入資金 → 以美元償還

這種方式可以管理未來的利率或匯率變動風險，已經確立極其重要的地位。

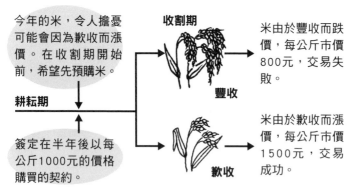

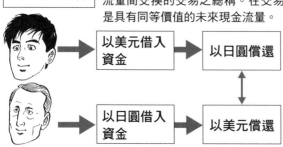

選擇權交易也可以放棄權利

選擇權交易

以每股100元的B公司股票為例

這種交易買賣的是買入或賣出的權利：可以在未來的一定期間內，以指定價格認購（買入選擇權），或是以指定價格出售（賣出選擇權）債券或股票等金融商品的權利。無論價格漲跌都有利潤，權利可以轉賣或放棄。

買入選擇權

以一定價格認購債券或股票的權利，具有防止漲價的保險功能。

賣出選擇權

以一定價格賣出債券或股票的權利，具有防止跌價的保險功能。

B公司的股價會漲！

以20元買入能以每股100元認股的買入選擇權

股價漲到150元

行使權利的話

每股100元＋選擇權成本20元＝以120元買入。150元-120元=30元利潤。

轉賣權利的話

只要賣出價格高於選擇權的買入成本（20元），差額就是利潤。

B公司的股價會跌！

以30元買入能以每股150元售股的賣出選擇權

股價跌到90元

行使權利的話

以150元賣出，價差60元，再扣掉選擇權成本30元，獲得30元利潤。

即使股價漲到160元

只要放棄權利，以市場時價出售，就不會有損失。

操作的大量資金甚至能夠動搖國本

所謂的避險就是迴避風險。由此而衍生出來、運用迴避行情變動風險的衍生性金融商品技術賺取利益的投資集團，稱為**避險基金**。

避險基金原本是誕生於一九四〇年代的投資手法，在一九七〇年代起漸漸盛行，到了一九九〇年代躍升為全球金融市場的要角。不光是股票，就連貨幣、債券等金融商品，也能夠使用各種方式自由投資。少數的大型避險基金在充分運用槓桿效果下，就能動用幾百倍於手頭資金的錢。

能夠運用龐大資金獲取利益的避險基金一旦動起來，一國的經濟甚至可能因而瓦解。亞洲、南美、俄國等地相繼發生的金融危機，據說就是起因於這種避險基金。

避險基金擁有連國家都無法對抗的資金能力。有時還會為國家或區域經濟帶來毀滅性的傷害，使之陷入大混亂。

企業重整基金拯救瀕臨破產的企業

避險基金屬於部分資產家或機構投資人，但除投資信託以外，也有個人投資者可以參加的「企業重整基金」。

「企業重整」是指把陷入過多債務的企業回復到健全的經營狀態。為此而負責其資金面的是企業重整基金。具體而言，是要收購瀕臨破產的企業，力求重建企業、提高其價值，再予以轉賣獲利。

實際上是投資專家集團

操作資金的基金經理人，在證券公司等機構擁有傑出績效，是活用資金的專家中的專家。他們自己也出資，以高報酬為目標大膽活動。

豪華的經營團隊

找來操作績效佳的交易員、諾貝爾經濟學獎得主，以及前首相等級的人才擔任顧問，把透過這些人的人脈所獲得的資訊，活用在投資等。

徹底活用槓桿效果

衍生性金融商品交易的一大特徵在於，可以用少許金額完成大額交易的槓桿效果．避險基金會巧妙運用這類金融技術，獲取龐大利益。

避險基金

向全球資產家與機構投資人匯集豐富資金，透過操作獲取鉅額利益。

投資全球股市、債市、匯市

與投資信託之不同

雖然類似向投資人集資的投資信託，但避險基金只向特定資產家或機構投資人匯集鉅額資金。

⇒

由於人數少、公共性低，不像投資信託那樣受到詳細的規範所限制，可以進行高風險的大膽投資。

即使沒有資金，也能買賣股票

就像我們到超市購買食品或日用雜貨一樣，我們可以在證券公司買到股票。也正如我們在超市可以在缺少現金時刷卡結帳一樣，即使手邊沒有資金，也可以在證券公司融資（借錢）或融券（借股票）交易。

以現金購買股票稱為「實物交易」，向證券公司融資或融券買賣股票，稱為「**信用交易**」。實物交易只能從「買股」開始，但信用交易也可以從「賣股」開始。以信用交易買股稱為「買空」（融資），賣股稱為「賣空」（融券）。

在買空的狀況下，只要股價像一般股票交易一樣上漲，漲的部分就能回收做為利潤。反之，賣空的狀況下，只要股價下跌，買回股票時就能獲利（參見左頁）。

在進行信用交易時，要在證券公司開設信用交易帳戶、存入保證金，做為融資或融券時的擔保，也可以用債券或其他股票做為擔保。

刻意操作股價會成為規範的對象

由於手邊即使資金不足也能買賣股票，因此也可能透過刻意大量買賣，而讓特定股票的交易過熱，進而操作股價。個人投資者的信用交易量不大，不是問題，但機構投資者一旦如此，會有難測的風險發生，進而演變成為股市的信用問題。

為避免這類風險，主管機關制訂了各種規範，緩和交易的過熱感，讓市場能夠發揮正常功能。

手邊未持有的股票也能賣

在信用交易下，即使手邊資金不足，也能進行大買賣。不過，必須在六個月內結清，而且股價如果朝自己預期的相反方向變化，也會造成損失。

買賣每股100元的股票時

賣空

預期股價下跌

↓

向證券公司融券2萬股賣出，手邊留有100元x2萬股=200萬元的資金。

- 股價跌至80元 → 80元x2萬股=160萬元，以此金額買回股票還給證券公司，獲得40萬元利益。
- 股價漲至120元 → 120元x2萬股=240萬元，以此金額買回股票還給證券公司，損失40萬元。

買空

預期股價上漲

↓

向證券公司融資200萬元買股，200萬元除以100元=手邊持有2萬股。

- 股價跌至80元 → 80元x2萬股=160萬元；賣股獲得這筆錢，但要償還證券公司200萬元，損失40萬元。
- 股價漲至120元 → 120元x2萬股=240萬元；賣股獲得這筆錢，償還證券公司200萬元後，獲得40萬元利益。

株式コーナー
若採信用交易，即使島先生你資金不多，也可以期待獲得很好的報酬唷！

始於美國、募集資金的新方法

　向金融機構融資，以及公開發行股票，是企業代表性的資金籌措方式。然而，除此之外，還有不動產**證券化**這種方式。

　例如，在市中心的高級地段擁有高價值大樓的企業，只要予以出售，就能取得鉅額現金。然而，高額物件很難找到買家。

　這種時候就把不動產證券化，可以把鉅額的不動產價值畫分為小單位，再賣給投資人籌措資金。

　不動產在證券化時，會設立「特殊目的公司」，把不動產轉讓過去。接著再發行資產擔保證券，銷售給投資人。之所以另外設立一家公司，是為了在企業業績惡化時，不至於讓不動產的價值納入企業收益之中。轉讓到另一家公司名下，用意在於可以純粹管理不動產的價值本身。

　將不動產證券化的企業，由於已將不動產轉讓出去，大樓已非公司所有，因此要支付租金使用。特殊目的公司在收取租金後，把收益當成配息發放給投資人。

只要收益可預估，就能成為證券化對象

　只要是能夠期待有一定收益的物件，都能夠證券化，對象不限於不動產。例如，車貸或房貸等，也可以從使用者身上定期獲得收入，因此也可以證券化。一旦把銀行經營的企業融資證券化，銀行就能取得現金，投資人則以「收取企業還款」的形式獲得收益。

　最近，為籌措軟體開發費，也有企業以軟體完成後的銷售額為擔保、發行證券的例子。

將不動產證券化以籌措資金

在業績下滑、需要資金投資設備時，企業未必就能獲得銀行的融資。此時，不動產證券化就成了企業取得現金的方法之一。

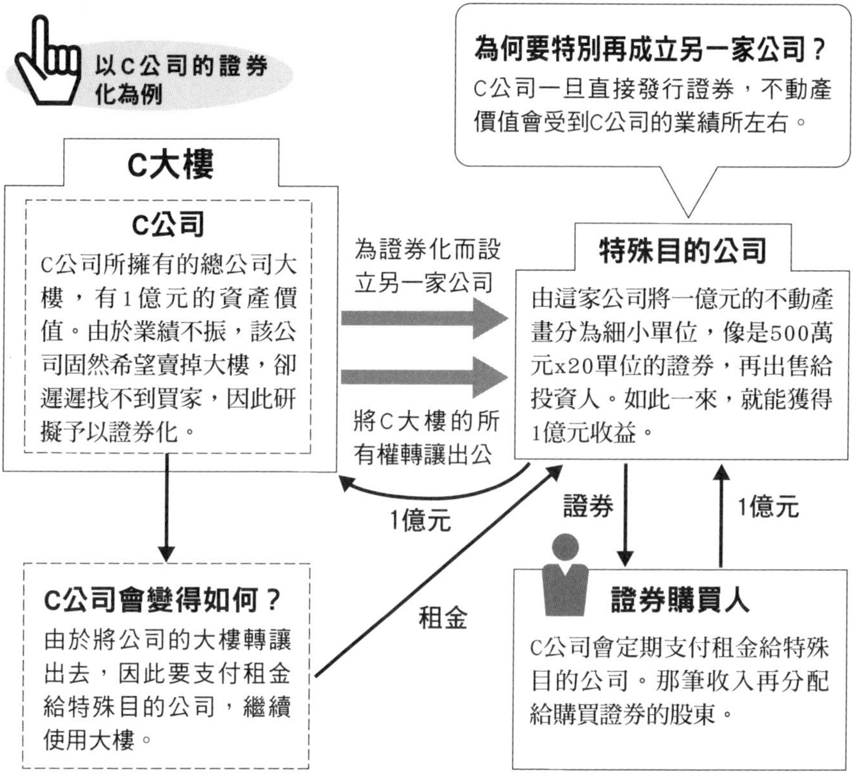

以C公司的證券化為例
C大樓
C公司
C公司所擁有的總公司大樓，有1億元的資產價值。由於業績不振，該公司固然希望賣掉大樓，卻遲遲找不到買家，因此研擬予以證券化。
為證券化而設立另一家公司
將C大樓的所有權轉讓出公
1億元
為何要特別再成立另一家公司？
C公司一旦直接發行證券，不動產價值會受到C公司的業績所左右。
特殊目的公司
由這家公司將一億元的不動產畫分為細小單位，像是500萬元x20單位的證券，再出售給投資人。如此一來，就能獲得1億元收益。
證券
1億元
C公司會變得如何？
由於將公司的大樓轉讓出去，因此要支付租金給特殊目的公司，繼續使用大樓。
租金
證券購買人
C公司會定期支付租金給特殊目的公司。那筆收入再分配給購買證券的股東。

百老匯的音樂劇是向稱為「backers」的投資人集資公演的，一旦暢銷，會分紅給投資人。
CATS
Garden
CATS
HAWAII
Kai
IROHA SUSHI
JAPANESE RESTAURANT

美國的房貸問題把全球牽扯進去

低收入戶房貸（次級房貸）的壞帳問題，成為美國住宅泡沫破滅的預兆，波及於全球股市。

何謂次級房貸

一種審查標準較寬鬆的房貸，專門提供給延遲支付信用卡費、信用水準較低的個人。這種房貸是以房價的上漲為前提。

一開始是低利率房貸
次級房貸在最初幾年的利率很低，但其後利率會急增。

↓

當時的美國

↓

住宅熱潮
住宅的興建很盛行，大家覺得住宅價格在不久的將來一定會上漲。

只要房價上漲
住宅的資產價值增加的話，就能以之為擔保，轉換為低利率房貸。

↓

住宅熱潮不再

↓

住宅價格不漲
由於以房價上漲為前提的房貸，一旦價格不漲，就無法轉換為低利率房貸。

利率上漲
無法另行貸款，在維持次級房貸下利率急增。

辦理房貸的人們
由於都是一些因為信用卡遲繳等因素導致信用力低落、低收入的貸款者，一旦利率變高，會變成無法償還。

↓

次級房貸壞帳化

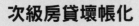

為何信用力低的個人可以借貸？

讓信用力低的個人辦理房貸，會有還不出來的可能性，這一點很容易理解。為何這樣的人也變成買得起住宅呢？

金融機構也積極貸款給他們

在房價上漲的期間，不斷融資給他們，賺取利息。

放寬條件

不同於一般貸款（優質房貨），藉由免頭期款、低利率等方式讓借錢變得容易

與次級房貸相關的各種問題

次級房貸的壞帳化，也對提供貸款的房貸公司、將房貸證券化的基金造成影響，成為出問題的關鍵因素，波及到全世界。

個人	初期由於利率低，低收入者也能夠購買住宅。 →	由於房價不漲，無法轉換為一般利率的優質房貸（prime loan），導致房貸滯繳。
銀行、房貸公司	預期房價上漲而增加融資對象。 →	融資對象是原本信用力低落的低收入者。利率急速上升後，房貸滯繳，最後變成不良債權。
基金、企業	希望以高風險、高報酬的金融商品獲利。 →	由次級房貸衍生出來的金融商品陷入違約狀態，也有許多避險基金垮掉。

波及全球

避險基金等主體，購買了次級房貸的證券。由於擔心鉅額損失會對金融體系造成影響，全球股市都遭到波及。

稅金與政府公債是國家的主要財源

政府是讓國家經濟運轉的主體之一。正如企業透過向銀行融資或發行股票等方式籌措資金一樣，政府也向國民或企業徵收稅金，或是發行國家公債籌措資金。政府利用這筆資金發展三種事業稱之為**「財政」**。

財政的第一項工作是「公共財的供給」，像是提供道路、橋樑等社會資本，維護治安的警察與消防，以及教育與社福等等。只有特定人才能利用的競爭性或排他性等市場原理，很難在這些設施或服務發揮作用，因此一旦委由民間經營，將會因為入不敷出而垮掉。因此，必須以政府籌措的資金為基礎經營。

第二項工作是「所得重分配」。政府從國民那裡依所得徵收適額稅金，這稱之為「累進稅制」，是一種「所得愈高的人，政府徵收愈多稅金」的機制，其目的在於縮小低收入者與高收入者之間的落差。

第三項工作是「穩定經濟」。政府介入通膨與通縮等景氣變動、穩定物價、促進就業，也是財政的工作。

市場與政府都會失靈

資本主義是依照市場機制調整需求與供給。不過，有一些它所無法適用的層面，必須由政府透過財政予以導正。由於市場機制並非萬能，而有「市場失靈」（market failure）之稱。

另一方面，財政也非萬能。政府所發展的公共事業中，也可能會出現幾乎沒有車子通行的高速公路，這稱之為「政府失靈」（government failure）。

運用收入扮演三種角色

政府的資金籌措主要來自稅金的徵收，但由於光是如此尚不足夠，必須發行國家公債借款。所籌措的資金用於興建道路、公園等公共財，以及提供教育、社福等服務。

收入

來自家庭的收入
從勞動收入中徵收所得稅，以及日常消費中之消費稅等等。

來自企業的收入
從事業的獲利中徵收法人稅，以及購買生產要素時之消費稅等等。

國家公債的發行
為公共事業發行建設公債等等，向投資人籌措資金。

↓

政府

↓

角色

提供公共財
像是道路與公園等基礎建設之整備，以及治安、教育、社福等行政服務。

所得重分配
從高收入者那裡收取多額稅金，再透過社福事業照顧低收入者。

穩定經濟
藉由公共事業等促進就業，或是減稅以刺激景氣。

在經濟停滯時進行投資

經濟固然依照市場機制而動，但有時候市場過熱或過冷，會造成景氣的大波動。為使其波動程度降至最小，政府會推展各種政策，這就是**財政政策**。

不景氣時，政府可以藉由增加建設道路、橋樑、公共設施等等的公共事業，做為刺激景氣復甦的方式。受惠的主要是營建相關企業，但由於能創造新就業，投資效果會漸漸擴大，最後可以期待國民全體因而受惠。另一方面，也可以減少所得稅或營業稅，促進消費與投資，藉由乘數效果刺激景氣。反之，在景氣過熱時，可以採取反向的抑制公共事業的做法，或是增稅等等。

不光是財政政策，有時也會同時實施貨幣政策（參見一二二頁），刺激或抑制景氣。這種把多種方法組合起來，希望藉以達成目標的政策，稱為政策組合（policy mix）。現在，合併運用財政政策與貨幣政策，才是主流。不過，在泡沫經濟破滅後，產業結構大不同於前，這些政策的成效就漸漸變得比以前差了。

發行國家公債，將會債留子孫

財政政策的支出，基本上靠的是每年進帳的稅金收入來支應。光靠稅收不足以支應時，就以國家公債的形式借款，將來再償還。

然而，財政赤字一旦持續增加，遲早必須實施大增稅或刪減社會福利，也可能對將來的生活造成嚴重影響。此外，由於遲早必須償還，會造成子孫很大的負擔。

與貨幣政策併用的政策組合為主流

組合不同領域的政策，就是政策組合。同時實施財政與貨幣政策，希望對景氣帶來更好的刺激效果。

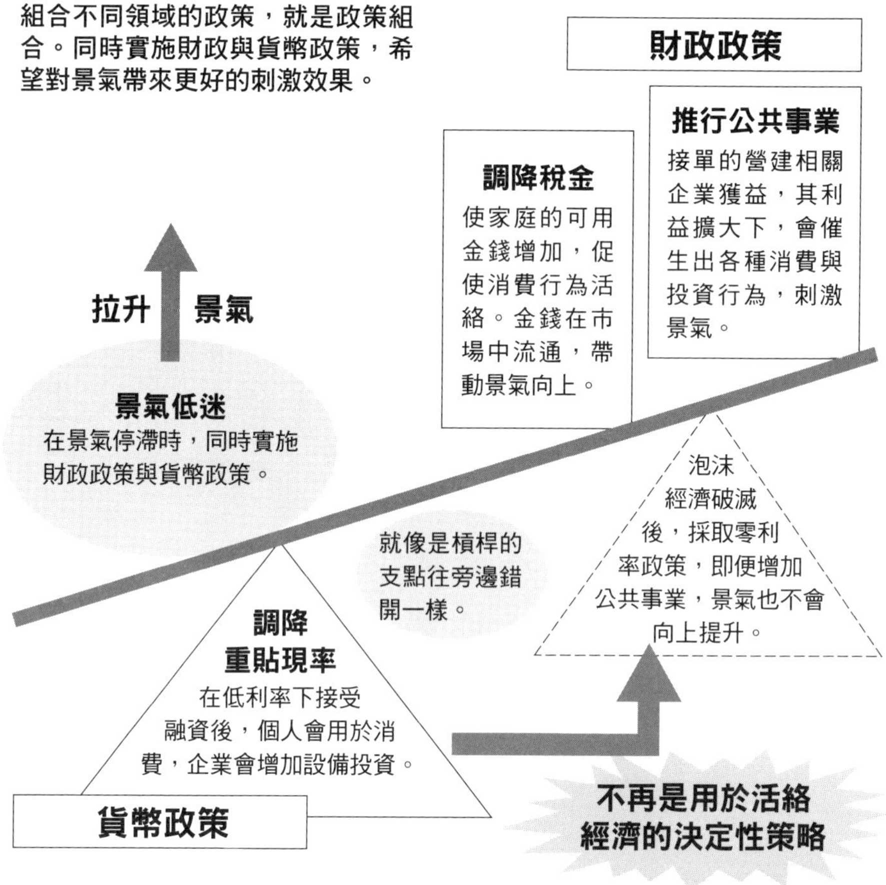
財政政策
推行公共事業
接單的營建相關企業獲益，其利益擴大下，會催生出各種消費與投資行為，刺激景氣。
調降稅金
使家庭的可用金錢增加，促使消費行為活絡。金錢在市場中流通，帶動景氣向上。
拉升 景氣
景氣低迷
在景氣停滯時，同時實施財政政策與貨幣政策。
就像是槓桿的支點往旁邊錯開一樣。
泡沫經濟破滅後，採取零利率政策，即便增加公共事業，景氣也不會向上提升。
調降重貼現率
在低利率下接受融資後，個人會用於消費，企業會增加設備投資。
貨幣政策
不再是用於活絡經濟的決定性策略

現在利率也很低，增加投資吧！
我知道了

以財政或貨幣政策增加國民所得

景氣一旦變差，必須一面運用財政政策與貨幣政策，支出也會增加。雖然有時候外界會批評「到處亂撒錢」，但政府依然堅持做下去，就是因為期待它所帶來的**乘數效果**。

所謂的乘數效果，就是可以預期財政政策或貨幣政策所產生的支出，遲早會讓國民所得增加數倍的一種效果。在最初的所得中，邊際消費傾向（參見九十六頁）消費了多少，那個部分就會再成為別人的所得，然後又根據邊際消費傾向再消費。連鎖性地重複這樣的循環後，在邊際消費傾向為〇・八時，透過財政政策所支出的金額，最多可以變成五倍。順便一提，在邊際消費傾向等於〇・九時，會變成十倍；愈靠近一，乘數效果愈大。

乘數效果有時也會降低。在景氣前景不透明時，大家會把較多所得拿來儲蓄。這麼一來，邊際消費傾向會變低，乘數效果的數值也會變小。即使利用經濟的槓桿作用，景氣也不會有復甦的徵象。這樣只會變成白白浪費金錢而已。近年來日本的景氣之所以遲遲無法復甦，這是原因之一。

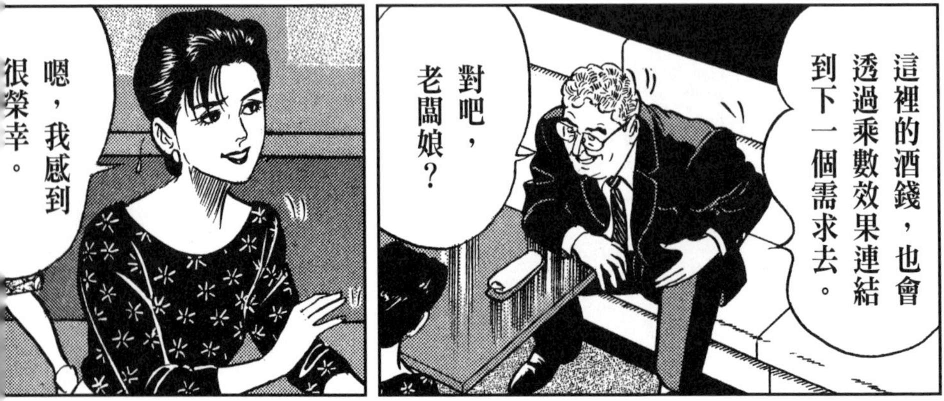
這裡的酒錢，也會透過乘數效果連結到下一個需求去。
對吧，老闆娘？
嗯，我感到很榮幸。

從邊際消費傾向可以看出乘數的值

乘數效果會受邊際消費傾向所左右。推展50億元的公共事業後，假設建商把其中40億元（邊際消費傾向0.8）用於消費，以下試求算其乘數效果。

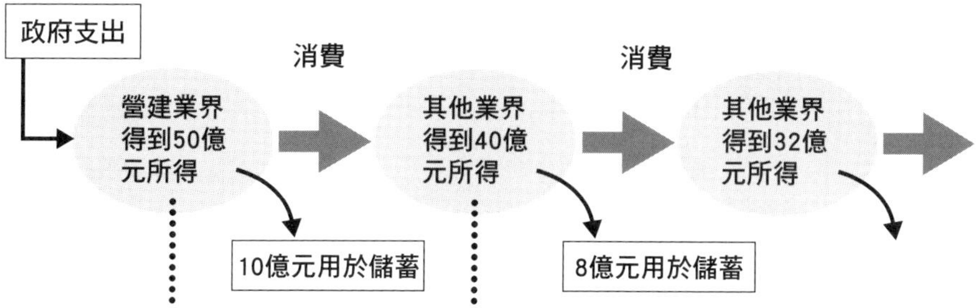

政府發包公共事業，讓營建業界得到50億元。

50億圓×0.8＝40億圓 →

50億元的所得中，有10億元用於儲蓄，剩下40億元用於消費。

營建業界用於消費的40億元，成為其他業界的所得。

40億圓×0.8＝32億圓 →

有8億元用於儲蓄，32億元再於其他業界消費，成為該業界所得。

不斷重複同樣的動作

乘數的計算方式

$$\text{乘數}=\frac{1}{(1-\text{邊際消費傾向})}$$

邊際消費傾向為0.8時，其乘數為5。50億元的公共投資，可以擴張至250億元。

減稅也有乘數效果

政府一旦實施減稅，多出來的可支配所得（扣掉稅金後可自由使用的錢）就會增加。例如，每個國民一旦獲得減免1萬元的稅，就形同所得增加了1萬元。

此時只要計算邊際消費傾向，就能得知乘數效果。如果邊際消費傾向為0.8，在1萬元中，8,000元用於消費，這部分會再成為別人的所得。

不過，一般來說，減稅所帶來的乘數效果，據信不會太大。

日本年金制度中也導入了責任自負的部分

日本**年金制度**是日本所經營的社會保險制度之一，其體系可粗略分類為三種制度。

第一種是「國民年金」*。二十歲以上、不到六十歲的全體日本國民，有義務要加入，無論自營工作者或學生，都納入此一制度中。第二種是「厚生年金」，主要是上班族加入，保費由員工與公司各出一半。金額會因收入的不同而異，但付得愈多，年金的金額也會增加。第三種是「共濟年金」，由國家或地方公務員、私立學校的教職員加入。厚生年金加到國民年金之上，成為兩層的結構；共濟年金則是國民年金、共濟年金、職業年金加在一起，變成三層的給付結構。

由於年金是一種互助體系，靠的是目前世代的人支援高齡世代者，制度本身正處於破毀的危機中。由於少子高齡化，年金領取額的減少在所難免，解決方案之一是「確定提撥年金制度」。在這制度下，每個人必須自行操作提撥金，以增加未來的年金不可。年金已經變成不是委由國家或企業代勞的制度了，而變成一個人人在自己負起責任操作的時代。

*台灣的國民年金參加條件為二十五歲至未滿六十五歲，未參加軍、公教、勞、農保，且未曾領取相關社會保險老年給付者。

時代經常會有劇烈的變動，
年金也進入了自行操作的時代。

要盡早了解制度

現在這個時代，金融避險必須由自己負起責任，年金也不例外。不要當成是未來的事而袖手旁觀，而要先掌握現行年金制度的整體樣貌。

自營工作者	上班族	公務員等
		④ 職業年金
	② 厚生年金	③ 共濟年金
① 國民年金	① 國民年金	① 國民年金

①國民年金
20歲以上、未滿60歲的全體國民有義務加入。

②厚生年金
主要由服務於企業的上班族加入。

③共濟年金
國家與地方公務員，以及私立學校教職員加入。

④職業年金
屬共濟年金所特有，是再多附加上去的年金。

何謂厚生年金基金

厚生年金基金的參加者，會再加若干給付額

一旦加入厚生年金基金，年金的給付額會增加若干，可以領到更多年金。一般來說，保費與只加入厚生年金的人相同。

不過，厚生年金基金近年來由於操作上的困難，數量有減少的傾向。

何謂日本版401k「確定提撥年金」

這是一種新的年金制度，操作分期提撥金，所收取的年金金額視其成果會有所不同。這是參考美國企業年金的「401k計畫」所發展出來的，有「日本版401k」之稱。

分為由企業提撥的企業型，以及由自營工作者或無企業年金的員工可以導入的個人型。

→ **操作成功** 以股票與投資信託、保險商品等方式操作。成功的話，年金會增加（但有上限）。

→ **操作失敗** 雖然也提供保本商品給參加者，操作一旦失敗，年金也會減少。

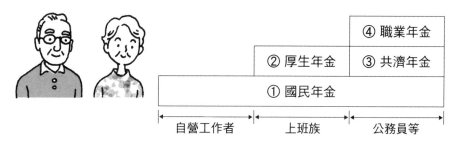

掌握世界財富的巨人

羅斯柴爾德家族

德國

南森・梅耶・羅斯柴爾德

1777-1836

貴族經常光顧的成功古錢商，自己改名為羅斯柴爾德

羅斯柴爾德家的繁榮，開始於第一代的梅耶・阿姆謝爾（Mayer Amschel）。一七四三年出生的他，以經營古錢買賣維生。他把廉價買進的舊貨幣兜售給領主或貴族，因而發了財，認識了上流社會的人。

在這項事業上成功的梅耶，把歷代祖先都使用的一面當成家徽的紅色盾牌掛在玄關，創辦了梅耶・阿姆謝爾・羅斯柴爾德商會。

阿姆謝爾有五個兒子，這些孩子們把事業擴大到整個歐洲。

運用特有的通訊網，以各種情報為利器

三男南森（Nathan Mayer Rothschild）活躍於英國的倫敦金融城，他親身體驗到工業革命的萌芽。他馬上把那時發明出來的蒸汽火車的好處、鐵路事業的發展性，報告給分處歐洲各國的兄弟。

在各國的兄弟們迅速取得各國的鐵路特許權，獲得龐大的利益。在馬車還是交通與通訊主要手段的時代，他們活用了可隱藏機密書信、有雙層底的板車以及傳信鴿。這聯絡網是羅斯柴爾德家族的強項，無論公開或私下，他們都經常使用。

歷經法國大革命以及兩次的世界大戰戰火，羅斯柴爾德家族已足以自豪於自己建立起的長期榮景。

第6章

日、美、歐、亞
經濟連動

——國際經濟

在全球化發展的現在，經濟活動若僅限於國內，
展望將不可期。要想在全球規模下進行經濟活動，
必須先了解匯率與貿易的機制。

金錢變成交易的商品

在網路等資訊科技的推波助瀾下，世界急速朝全球化發展。經濟、金融也不例外，股票、公債成了超越國界買賣的國際投資。這些國際間的交易，不是以現金進行，而是以一種稱為**匯兌**的方式完成。

所謂的匯兌，是以一種不必直接把現金移動給人在遠方的交易對象，就能結清債權、債務的方法。若為國際貿易或國際金融，必須交換彼此的貨幣。此時，必須決定雙方能夠接受的交換比率（匯率），否則交易時會產生混亂。以日本而言，是藉由外匯市場中貨幣的買賣狀況來決定匯率。這稱之為「浮動匯率制」。與商品的買賣相同，外匯市場中可以賣出（買進）本國貨幣、買入（賣出）外國貨幣。

外匯交易是二十四小時進行的。在東京、香港、新加坡、蘇黎世、巴黎、倫敦、紐約、雪梨等各國都市裡的外匯交易，匯率是以秒為單位變動。由於有時差，各市場的交易時段漸漸重疊，又漸漸錯開，繞地球一圈。

匯兌是無現金交易

在報紙與新聞的報導中，我們常會聽到「貶值」、「升值」等名詞。或許是因為這樣，一講到匯兌，很多人都會想到用於讓兩國間交換貨幣的外國匯兌，不過匯兌原本指的是「透過金融機構付款」的一種機制。

我們在日常生活中利用的銀行匯款或轉帳，就是匯兌的一種。可以在沒有現金下順利完成金錢的移動，是匯兌的一大特徵。

升值・貶值，很難說何者較好

台幣對於美元相對強勢，就會升值；反之，就貶值。到國外旅行時，升值會有好處；回國時如果升值，就有損失。

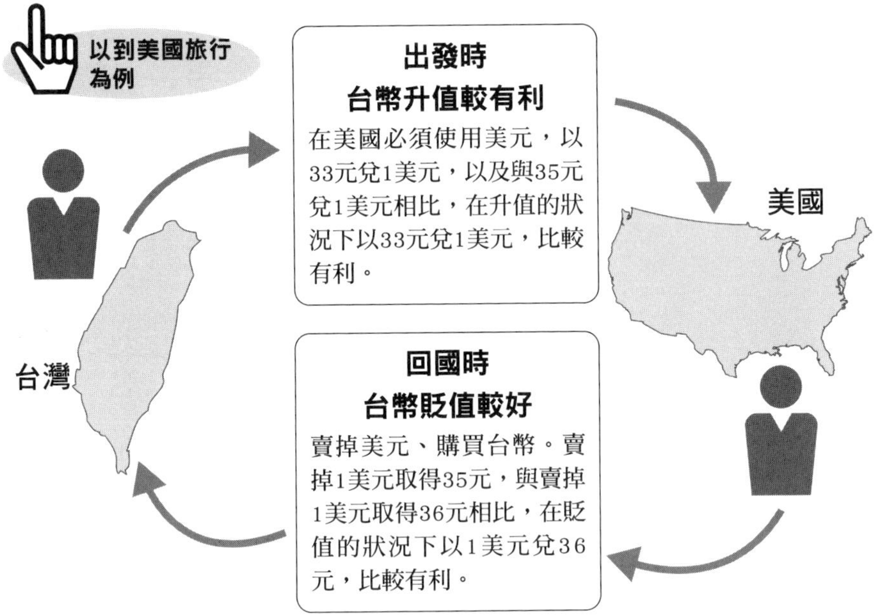
以到美國旅行為例
出發時
台幣升值較有利
在美國必須使用美元，以33元兌1美元，以及與35元兌1美元相比，在升值的狀況下以33元兌1美元，比較有利。
美國
台灣
回國時
台幣貶值較好
賣掉美元、購買台幣。賣掉1美元取得35元，與賣掉1美元取得36元相比，在貶值的狀況下以1美元兌36元，比較有利。

必須交易貨幣的4項重要因素

本國貨幣與美元、歐元、英鎊等外國貨幣與日圓間會有交易，是發生在財貨與勞務越過彼此國界移動到對方國內的時候。貨幣主要因為以下四項因素而有交易：

1 貿易

進行出口或進口等貿易時，必須出售外幣、買進外幣以結帳。

2 投資

投資外國債券或股票時，或是外國人投資日本債券或股票時。

3 兩國互通有無

不同國家彼此互通（交付、收受）貨幣時。

4 投機

預期匯率變動，而在外匯市場買賣貨幣。

金錢的價值會變動，匯率也會變動

在電視新聞中常會聽到「今天的匯率是1美元兌XX元」之類的話。這是因為，我們採取**浮動匯率制**，匯率會因為日圓與美元的相對價值而上下變動。匯率的變化，是因為把貨幣視同商品的供需市場原理發揮作用所致。

國際間可自由交易固然有好處，但貨幣的價值一旦急遽變化，會對進出口造成影響，有時也會讓國內的經濟混亂。

浮動匯率制下，匯率會變動，不過也有匯率經常維持固定的「固定匯率制」。乍看之下，匯市好像簡單化了，但供需的市場原理仍然沒變。

該國的中央銀行會介入市場，刻意調整供需，以維持一定匯率。對經濟基礎較弱的發展中國家來說，如果因為國內經濟環境而使匯率變動，經濟會變得更加不穩定。有時候為避免這種情形，就會採取固定匯率制。日本一直到一九七三年為止（參見左頁）都採取固定匯率制。

也有介於二者之間的匯率制度

在固定匯率制下，如果經判斷產業結構已大幅改變，或是現在匯率有礙經濟活動（兩國間的經濟不均衡）時，可以變更匯率，稱之為「可調整的釘住匯率制度」（adjustable peg system）。

例如，中國在急速經濟發展下，其貨幣「人民幣」的評價過低的問題，受到了討論。有時候會因而採取與美元連動的緊釘美元制（參見23頁）。

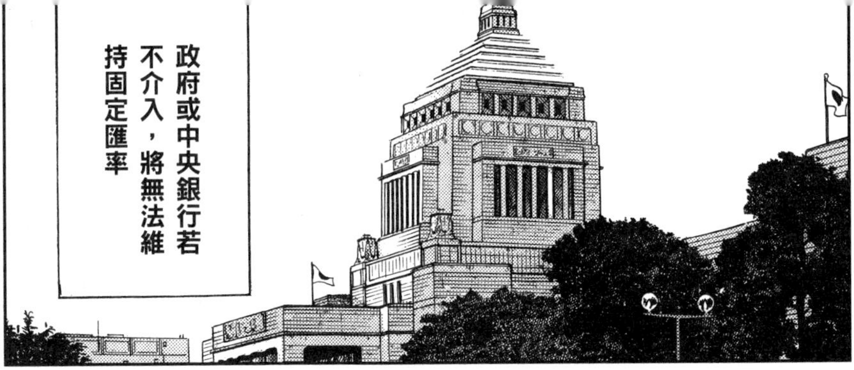
政府或中央銀行若不介入，將無法維持固定匯率

固定匯率很難維持

需求與供給的均衡決定了物品的價值，這樣的市場原理也適用於匯率。主要先進國多半採取浮動匯率制。

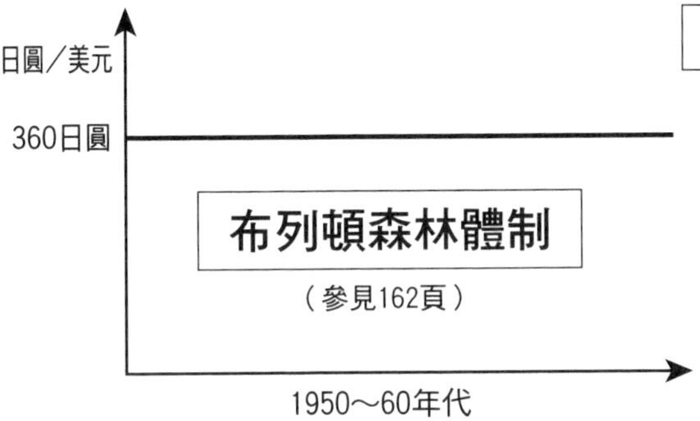
日圓／美元
360日圓
布列頓森林體制
（參見162頁）
1950〜60年代

固定匯率制

為維持固定匯率，一國的中央銀行必須刻意介入操作供需，或是限制市場的交量。有時候這會成為國際間交易的絆腳石。

由固定匯率制轉為浮動匯率制

美元原本採取金本位制（黃金1盎斯＝35美元）的固定匯率。但在1971年，美國宣布廢止金本位制（尼克森衝擊）。原本是全球標準貨幣的美元，信用大跌。此外，1973年，日本不再採取固定匯率，而改採浮動匯率。

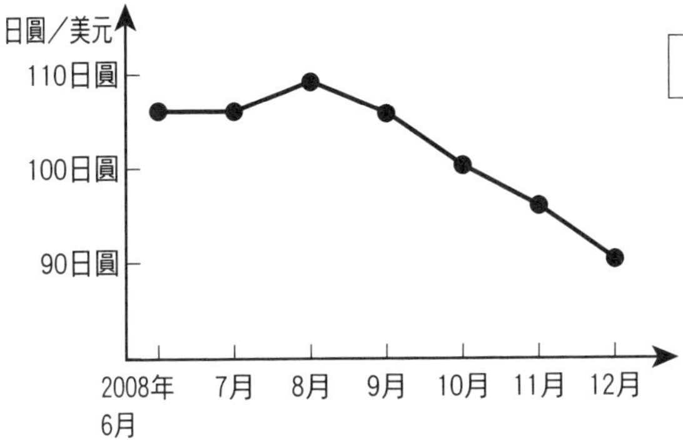
日圓／美元
110日圓
100日圓
90日圓
2008年6月
7月
8月
9月
10月
11月
12月

浮動匯率制

國際間固然可以自由交易，但匯率的變動也會導致物價的漲跌，有時還會成為導致社會不安的因素。中央銀行依然會時而介入市場，抑制變動幅度。

（資料來源：日經Smartchart）

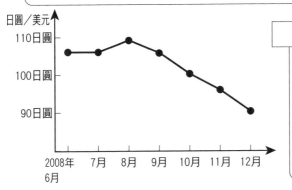

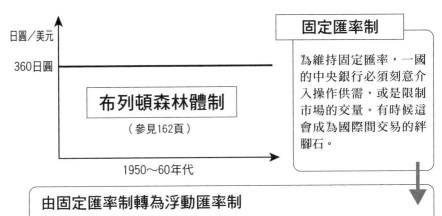

同樣的商品有同樣的價格

貨幣的交易比率，也就是匯率，是依外國匯兌的需求與供給而變動的。那麼，匯率一開始又是怎麼決定的？

在思考匯率前，請各位先了解一下**單一價格法則**。它的意思是「相同的商品，無論在哪裡的價格都相同」。

假如商品的價格因為地域的不同而有不同，只要在便宜的地域進貨，再到昂貴的地域出售，就能賺取價差。也就是說，商品會從便宜的地域流入昂貴的地域，便宜地域的需求會超過供給，價格會上升；昂貴的地域因為供給大於需求，價格會下跌。這樣的變化，會一直持續到兩地的價格相同為止。

便宜進貨、高價出售以賺取價差，稱為套利交易。就是因為這樣，單一價格法則可以成立。在國際間交易的商品，也會有同樣的現象，即使不同國家，可以視為商品的價格一致。也就是說，只要調查一百元買得到的商品在美國要多少美元才買得到，就能決定貨幣的交換比率。這樣的理論稱為「購買力平價」，匯率可以藉此計算出來（參見一五八頁）。

現實生活中，同樣商品也會有價差

單一價格法則有個前提，就是「商品完全沒有地域間的差別」。但只要店舖租金、人事成本、人流等等產生壓倒性的差異，即便商品相同，也會出現價差。

例如，在全日本銷售同樣商品的麥當勞，近年來也導入了不同地域的差別訂價。原本採取的是連鎖店彼此吸收虧損、在任何地域都以同樣價格銷售的戰略，但由於地域間的差異太大，麥當勞在不同地域採用不同的價格體系。

同樣是什錦燒，也會有價差

從麥當勞與星巴克可看出匯率

美國有相同商品時，基於**購買力平價**說，可以比較該商品在兩國的售價，進而決定貨幣的匯率。

麥當勞在全球都開設連鎖店，在任何地方都能買到幾乎相同的商品。例如，假設在東京售價二百一十日圓的漢堡，在美國想購買得花二美元。套用單一價格法則，可以知道一美元與一百零五日圓（二百一十日圓／二美元）有同等的價值。如果美國急遽發生通貨膨脹，漢堡的價格也會上漲。假設漢堡在美國變成一個三美元，在日本的價格依然一樣，那麼一美元相當於約七十日圓。

而這是解開匯率如何變動的關鍵。也就是說，只要觀察漢堡的價格變動，就能得知美國急遽的通貨膨脹，使得日圓急速上漲。

像這樣比較兩國物價變動後，就能掌握大概的匯率動向。

中杯拿鐵可用於比較物價？

美國	2.80美元
日本	3.16美元
歐盟	3.72美元
瑞士	4.54美元
加拿大	2.35美元
泰國	1.93美元

2004年1月16日的資料

在全球開設連鎖店的一些速食店，由於品項內容大多相同，可以藉由比較在各國的價格，以了解物價的高低。

在此試著比較看看星巴克拿鐵（中杯）在各國的售價。

（資料來源：英國《經濟學人》網站）

以大麥克觀察匯率

把全球各國的麥當勞所銷售的大麥克價格化為指數，稱為大麥克平價。觀察其數字，可以發現在實際匯市中，日圓走貶。

國家（貨幣）	大麥克平價（對美元）	實際匯率（對美元）
日本（日圓）	87日圓	121日圓
歐盟（歐元）	1.10歐元	1.30歐元
英國（英鎊）	1.62英鎊	2.13英鎊
加拿大（加元）	1.13加元	1.18加元
挪威（克朗）	12.9克朗	6.26克朗
瑞士（瑞士法郎）	1.96瑞士法郎	1.25瑞士法郎
澳洲（澳元）	1.07澳元	1.29澳元
中國（元）	3.42元	7.77元
泰國（銖）	19.3銖	34.7銖
新加坡（新元）	1.12新元	1.54新元
菲律賓（披索）	26.4披索	48.9披索

（資料來源：英國《經濟學人》網站 2007年2月1日資料）

在高物價的日本，有時候會因為運輸費等費用上漲，
而使商品售價相對變高。

貿易往來受匯率左右

外匯市場在全球都有，但它不像股票的證券交易所那樣，是官方組織，而是「概念的市場」，由電腦與電話的通信網所構成。由於外幣的賣方與買方是在一對一關係下讓買賣契約成立，因此只要有人「想賣」，有人「想買」，無論白天晚上，二十四小時都能交易。

由於匯率經常變動，外匯的買賣因為時機的不同，有時會虧損，有時會賺錢，這稱之為**匯兌損失**、**匯兌利益**。幣值的漲跌，左右了匯兌損失與利益。出國旅行有時候也會發生匯兌損益。

如果只是出國旅遊，充其量只是幾萬元的匯兌損失或利益而已，但對進出口相關業界來說，區區幾元的匯率變動，就會成為龐大的匯兌損失或利益。

日本在二〇〇四年的四到六月這三個月間，由於日圓匯率漲了九日圓，豐田汽車產生了七百億的匯兌損失。當然，日圓走貶的話，就會帶來賺取匯兌利益的機會。

個人交易也有匯率風險

匯率時時刻刻都在變動，使貨幣的價值有所增減。利用這樣的變動，在價值高時購買便宜的外國貨幣，等到跌價時再賣掉外國貨幣，就能賺取利益。

近年來流行各種金融商品，像是提供給個人客戶的外幣存款或以外幣計價的投資信託等等，但由於是透過槓桿效用進行幾倍於本金的交易，匯率變動下的風險也很大。

匯率變動有時會造成龐大損失

外幣匯率變動，日圓升貶值後，具體來說會造成何種影響？在此以出口電視到美國為例說明。

日本

以1美元＝100日圓之下的交易為例

從日本出口電視到美國

1美元兌100日圓時，電視機以1萬日圓（100美元）成交，出口100台到美國。

日圓升值有利出口，不利進口。

1美元變成兌換80日圓

每台若以1萬日圓銷售，在美國會漲價成125美元，需求減少，必須降價到每台8000日圓才行，賣出100台會造成20萬日圓的匯兌損失。

美國電視機市場的供需關係

美國電視機市場中，每台100美元是均衡價格。價格再高就會變成供過於求。

日圓貶值有利出口，不利進口。

1美元變成兌換120圓

每台若以1萬日圓銷售，價格變成83美元。但在美國訂價100美元就行，因此可以漲到1萬2000日圓。賣掉100台後，收入120萬日圓，獲得20萬日圓的匯兌利益。

美國

在固定匯率政策下，人民幣
如果一直貶值，便宜的中國
產品會大量進入世界各地。

匯率會受到恐怖攻擊或政治情勢、經濟所左右

市場玩家會探索各種的可能性。他們的預期會馬上反映在市場中，使市場產生未來無可預期的變動。

日本的匯率從貶值走向升值

過去，日本曾採用「1美元兌360日圓」的固定匯率制。自從改採浮動匯率制後，日圓漸漸走向升值基調。

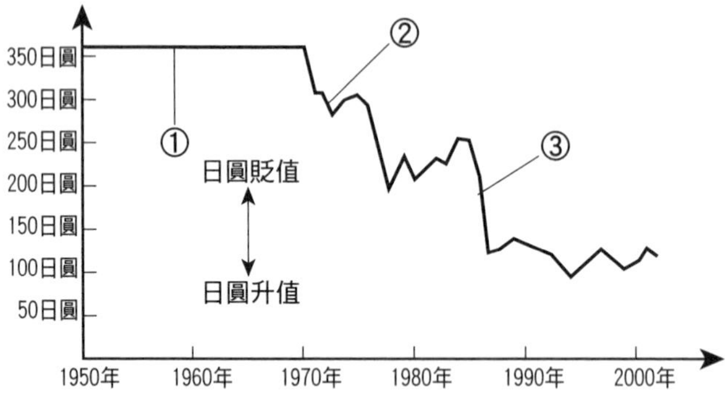

（資料來源：日本銀行《長期統計系列》）

①布列頓森林體制（Bretton Woods System）

戰後，把美元變成與黃金掛鉤的國際貨幣，再讓美元與各國貨幣的價值連動。日本在固定匯率下是1美元兌360日圓。

②改採浮動匯率制

1973年，由於再也無法承受貿易不均衡，包括日本在內的國家都改採浮動匯率制。

③廣場協定（Plaza Accord）

1985年，在因美元過度升值而背負貿易赤字的美國呼籲下，五國集團（G5）協議讓美元貶值。

雖然大家覺得「投機」會讓市場混亂，但投機也是在冷靜做出基本判斷後才出手的。

促使匯率變動的條件

各國的經濟成長率、物價上漲率、利率、貨幣政策、經常收支等經濟基礎條件，會使匯率變動。

利率造成的匯率變動

日本的
利率下跌

美元的人氣增加

美國的利率一旦上升，從事資金操作的人，會覺得轉到美國較有利。如此一來，拋售日圓、買進美元的活動會變得活絡，使得日圓走貶。

美國的
利率上升

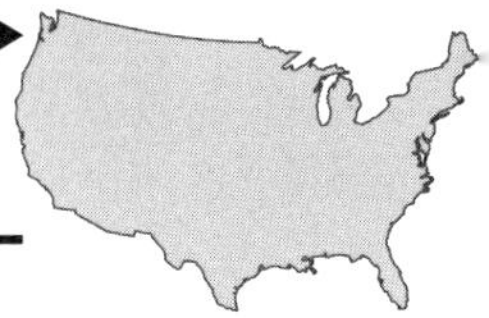

經常收支餘額造成的變動

何謂經常收支餘額

出口額扣掉進口額後的貿易黑字與經常黑字。黑字增加表示對外資產增加。可成為以外幣計價的資產風險指標。

會成為升值的因素

外國貨幣無法在國內使用。透過貿易等方式得到的海外資金，必須轉換為本國貨幣。轉換的結果是賣掉美元、買進本國貨幣。

Column 透過「美女投票」解釋匯率動向

經濟學中所謂的美女投票，不是指投票給最美的人，而是指「誰要是投票給得票率最高的女性，就能獲得獎賞」。也就是說，不是投給自己覺得是美女的女性，而是投給大家應該會覺得是美女的女性。

在投資的時候，也要有這樣的想法。重點是要買的不是自己覺得很好的股票，而是大家會覺得很好的股票（買單大量湧進、價格會上漲的股票）。

專業化生產、追求利益

餐廳裡，如果有廚師也擅長招呼客人或結帳，那麼或許會有人覺得，包括煮菜在內，把所有事都交給他做，將可大幅刪減成本。不過，廚師如果專心在做菜上，將可提供料理給更多客人。也就是說，雇用人力分工合作，會比全都交給同一人來做，還能獲得更多的利益。

在國際貿易上，可以說也是同樣的狀況。例如，即使電腦與電視在國內生產，但內部零組件未必全部都是本國製的。因為，零組件可能是從擅長生產零組件的國家調度來的。相對的，我們也把對手國所無法製造的產品，以「相互交換」的形式出口。像這樣，由各國專業化生產自己擅長的東西，再進口其他東西的想法，稱為「**相對優勢**」。

在相對優勢的想法下，重要的不是「哪一國擅長生產零組件」這種絕對比較，而是專業化（專注）。

擁有相對優勢的國家，在貿易中交換物品，進而變得富足。

我們法國負責生產紅酒
日本的初芝生產電器產品

所有生產都自己來，會缺乏效率

日本在部分農作物的生產或工業製品的生產上，有很高的生產力。即便如此，自外國進口還是有好處。以下以和中國間的貿易為例確認看看。

以日本與中國的貿易為例思考看看

	小麥	汽車
日本（人口100人）	5人可生產1公斤	5人可生產1台
中國（人口100人）	10人可生產1公斤	20人可生產1台

不管是汽車或是小麥，生產效率都很好的日本，是否還有必要跟外國進口呢？

如果投入100人工作……

	小麥		汽車	
日本	投入50人的勞動力	生產10公斤	投入50人的勞動力	生產10台
中國	投入40人的勞動力	生產4公斤	投入60人的勞動力	生產3台

日本與中國總計	14公斤	13台

如果讓中國多把勞動力投入於所擅長的小麥上

	小麥		汽車	
日本	投入30人的勞動力	生產6公斤	投入70人的勞動力	生產14台
中國	投入80人的勞動力	生產8公斤	投入20人的勞動力	生產1台

日本與中國總計	14公斤	15台

中國專門生產小麥，日本專門生產汽車。在兩國分工下，小麥生產量不變，汽車生產台數增加了。貿易對兩國來說都有好處。

企業一旦前往海外，國內會漸漸冷清

一九八五年的「廣場協定」後，日圓急遽升值。在那之前，日本的製造業都是以「從亞洲進口資源、做成產品，再出口」的形態進行貿易。日圓急升使製造業不好過，不斷有業者為求取便宜人工而將生產據點移至海外。現在也有不少企業把總公司整個搬遷至海外生產。至於家電產品，則大多進入了進口的時代。

有人擔心，製造業的生產據點移至海外，會讓一直以來在國內承繼下來的技術因而中斷，而讓國內的產業衰退。這稱之為**產業空洞化**，是可能導致國際競爭力下跌、經濟衰退的嚴重經濟問題。

不過，若以相對優勢的想法來看，專注於在各自擅長的層面上生產，應該可以對彼此帶來好處。現在的我們由處於相對優勢，正面臨產業結構轉換的過渡期。雖然這會導致產業空洞化，但也只是暫時性的現象。亞洲各地提供便宜產品到日本，長期來說對日本也是有利，並不會帶來破壞國內產業的威脅。

也要擔心金融空洞化

由於金融大爆炸，一直以來與金融有關的各種法規都漸漸鬆綁，但也因為金融、證券的稅制尚不齊備，日本國內的金融交易成本大增。

因此，原本應該在日本進行的金融交易，流出到海外，金融機構也出現搬遷至海外的現象。具體而言，在東京證券交易所上市的外國股票交易，大量減少。日本股票的國際交易則流出到倫敦或紐約。

在嚴苛的勞動條件下，即使拚命工作，也賺不到足夠的薪資。這種「窮忙族」正成為問題。
真是厲害，都已經快十二點了，卻沒有任何人下班。
哈囉
啊，島先生！

產業空洞化也有好處

國內製造業衰退的空洞化現象讓人擔心，但只要藉由技術移轉帶動全亞洲的經濟活絡，與各國的交易也會增加，長期來說也是好事。

企業前往海外的好處

企業所前往的國家，經濟一旦發展順利，來自亞洲各國的進口，以及來自本國的出口都會頻繁起來，可以預期經濟活絡。

日本對於亞洲
正進行鉅額的
對外投資

壞處

就業減少，可能引發失業問題、刪減人事成本等社會不安。

長期來看，也有不少正面效應。必須採取誘發更多正面效果的對策。

顯示與海外貿易之順逆差

企業會記錄一定期間的交易，以報表形式公開。國家也一樣，會把和外國之間的國際經濟交易在一定期內產生的金錢往來彙整、發表。這稱之為國際收支，粗分為二，一種是與外國在財貨與勞務上的交易差額構成的「經常收支」，一種是由證券投資等構成的「資本收支」。

國際收支可如左圖般分類，根據複式簿記的原理製成。將財貨與勞務、國家公債等出售時，就在收受欄中記載數字；反之，購買時則在支付欄記載數字。收受額較多時為黑字，支付額較多時為赤字。

經常收支在國民所得中占有重要位置，也是衡量國際競爭力的指標。財貨與勞務的出口一旦增加，國民所得也增加；反之，進口增加，對外支出也增加，國際競爭力就降低。日本長期維持貿易收支的黑字，但近年來，對外投資的所得收支漸漸增加。再加上貿易，代表著投資已漸漸成為支持日本經濟的骨幹。

持有大量外匯的國家是「經濟大國」

一國的經濟力，不是本國貨幣來衡量，而是以外幣持有量來衡量。即使擁有再多的本國貨幣，也不過是無法在他國使用的紙片而已。

賺取外匯的方式之一是貿易，但在貿易中賺取大量外匯後，會使對手國的景氣惡化，成為孤立的「失業出口國」。在經濟全球化的現在，不能只求本國好，而要追加能帶領世界、安定世界的經濟力。

一國帳簿的加總結餘必為零

國際收支是以複式簿記原理登錄，支付額與收取額相抵，必為零。也就是說，經常收支若為黑字，資本收支就是赤字，二者間有相對關係。

國際收支

一國在一定期間的對外交易之紀錄。根據特定規格製成，各國間可比較。

經常收支

國際收支的中心是經常收支。只記錄與現在有關的對外交易，不包括未來會留下債權或債務的交易在內。

資本收支

未來會產生債權、債務的對外金融投資。呈現與海外間的直接投資，以及證券投資的收支差額。

貿易、勞務收支

包括進出口等一般交易、海外旅行等勞務、交易。

所得收支

對外投資的報酬，或海外日本企業之營收等。

經常移轉收支

計算無對價之資金援助或無償的資金協助收支。

資本收支

對海外的投資額。區分為直接投資收益、證券投資收益等。

外匯準備增減

用於相互貿易時支出之用或償還借款給對手國的外匯保有量。

錢花過頭了……
赤字的部分要在賭場
一口氣反賺回來。

掌握世界財富的巨人

塞西爾・羅德斯

英國

1853-1902

獨占南非礦山，創辦史上最大獨占企業

塞西爾・羅德斯（Cecil Rhodes）出生在英國的赫福郡（Hertfordshire），年輕時就健康欠佳，到南非去投靠兄長。他到南非時，鑽石熱正在流行，不久他也投身於鑽石事業中。

在南非內部，金伯利（Kimberley）礦山一帶可以採到尤其優質的鑽石，當時那裡是由羅德斯的戴比爾斯（De Beers）公司與巴奈托（Barney Barnato）礦山公司所擁有。

不過，戴比爾斯收購了巴奈托公司。

結果，戴比爾斯在全球鑽石市場獨占約九成比率。

推動殖民地支配，也有帝國主義者的一面

由於戴比爾斯獨占礦山，據說鑽石的供給量與價格，都變成能夠自由操控了。不過，這也有好處。當時的鑽石礦山不斷有人亂挖原石，鑽石的價格非常不穩定。

戴比爾斯調整鑽石供給量後，價格穩定下來，鑽石也保有其價值到今天，永遠閃耀。

其後羅德斯成為開普敦殖民地的首相。他對於列強的殖民地政策有很大的影響，像是占領之後冠上他名字的「羅德西亞」（Rhodesia，今辛巴威）等等。

九劃

十劃

十一劃

十二劃

新商業周刊叢書　0672

弘兼憲史經濟學入門圖解

國家圖書館出版品預行編目資料

弘兼憲史經濟學入門圖解 / 弘兼憲史原著；江裕真譯. -- 初版. -- 臺北市：商周出版：家庭傳媒城邦分公司發行, 2009. 09
面；　公分.--（新商業周刊叢書：332）
ISBN 978-986-6369-46-9（平裝）
1. 經濟學

550　　98015782

原出版者／幻冬舍
原 著 者／弘兼憲史
譯　　者／江裕真
企劃選書／王筱玲
責任編輯／王筱玲、劉芸
版　　權／翁靜如
總 編 輯／陳美靜
校對編輯／陳宥媛、吳淑芳
行銷業務／林秀津、周佑潔、莊英傑、何學文
總 經 理／彭之琬

發 行 人／何飛鵬
法律顧問／台英國際商務法律事務所 羅明通律師
出　　版／商周出版
臺北市中山區民生東路二段141號9樓
電話：(02) 2500-7008　傳真：(02) 2500-7759
E-mail：bwp.service@cite.com.tw
發　　行／英屬蓋曼群島商家庭傳媒股份有限公司　城邦分公司
臺北市中山區民生東路二段141號2樓
讀者服務專線：0800-020-299　24小時傳真服務：02-2517-0999
讀者服務信箱E-mail：cs@cite.com.tw
劃撥帳號：19833503　戶名：英屬蓋曼群島商家庭傳媒股份有限公司城邦分公司
訂購服務／書虫股份有限公司客服專線：(02)2500-7718；2500-7719
服務時間：週一至週五上午09:30-12:00；下午13:30-17:00
24小時傳真專線：(02)2500-1990；2500-1991
劃撥帳號：19863813　戶名：書虫股份有限公司
E-mail：service@readingclub.com.tw
香港發行所／城邦(香港)出版集團有限公司
香港灣仔駱克道193號東超商業中心1樓
電話：852-2508 6231 傳真：852-2578 9337
E-mail：hkcite@biznetvigator.com
馬新發行所／城邦(馬新)出版集團
Cite (M) Sdn. Bhd.
41, Jalan Radin Anum, Bandar Baru Sri Petaling, 57000 Kuala Lumpur, Malaysia.
電話：(603) 9057-8822　傳真：(603) 9057-6622　E-mail: cite@cite.com.my

內文排版&封面設計／因陀羅
印　　刷／鴻霖印刷傳媒股份有限公司
總 經 銷／聯合發行股份有限公司　電話：(02)2917-8022　傳真：(02)2911-0053
地址：新北市231新店區寶橋路235巷6弄6號2樓

■2009年9月8日初版
■2018年5月8日二版1刷
Printed in Taiwan

定價260元

ISBN　978-986-6369-46-9

城邦讀書花園
www.cite.com.tw